LEANDRO DE ANDRADE DRAGO

A AÇÃO CIVIL PÚBLICA NA PROTEÇÃO AO MEIO AMBIENTE

PELOTAS, RIO GRANDE DO SUL, 2023

*"Eterno, é tudo aquilo que dura
uma fração de
segundo, mas com tamanha
intensidade, que se petrifica, e
nenhuma força jamais o resgata."*

(trecho) REVERÊNCIA AO DESTINO (Carlos Drummond de Andrade)

PALAVRAS DO AUTOR

Alguns autores começam suas obras despretensiosamente. Eu ao contrário, começo essa pretensiosamente. Faz vinte anos que escrevi esse trabalho para conclusão do curso de Ciências Jurídicas e Sociais (Direito) em que me formei em 2004. Não imaginava, nem nos meus melhores sonhos ou talvez piores, que um dia voltaria a esse tema. Não imaginava, sinceramente, que o Direito Ambiental fosse tão necessário, que expandiria tanto nesses últimos vinte anos. Não imaginava que a degradação ambiental atingisse números alarmantes, estratosféricos. Não imaginava que o Meio Ambiente se tornaria um dos assuntos mais comentados e discutidos de todos os tempos. Não imaginava que um grau fosse fazer tanta diferença no mundo.

Vinte anos atrás eu não imaginava que pudéssemos destruir tanto o lugar que chamamos de lar, nosso planeta, nossa casa. Quem em sã consciência consegue destruir sua própria existência: apenas nós, os seres humanos. Os animais não são capazes disso e dizem que eles é que são irracionais. Apenas nós, os seres humanos, somos capazes de destruir o local onde vivemos em nome do progresso.

Mas quem disse que é esse o progresso que buscamos? Não, não é isso. Esse progresso tenho certeza que muitos não querem. Provavelmente, no ano 2060 atingiremos os fatídicos dois graus de aquecimento global e será nosso fim.[1] O planeta terra aquecerá tanto que não teremos mais retorno. Não teremos como retroceder, será tarde demais.

---

[1] Aquecimento global passará o limite de 1,5°C dentro de 10 a 15 anos (ecodebate.com.br) – Acesso 08/03/2023

O que devemos fazer já devia ter iniciado. Os governos dão passos de tartaruga enquanto a degradação ambiental voa. Desde Estocolmo em 1972, Eco ou Rio 1992, a Rio+10, em 2002, a Rio+20, em 2012, Acordo de Paris 2015, todas as conferências internacionais sobre meio ambiente tentam estabelecer metas, estratégias e ações, mas nada de concreto efetivamente acontece.

Durante a Rio+20, no Rio de Janeiro, 193 representantes de países foram reunidos e ao final foi produzido o documento "o futuro que queremos", reafirmando uma série de compromissos, mas, mais uma vez, não foram estabelecidas metas concretas para que os países reduzam a emissão de poluentes.

Somente no ano de 2021 foram desmatados no Brasil a totalidade de 1.655.782 hectares, são 16.557 km² de cobertura nativa perdida. Entre os anos de 2019 e 2021 foram 42 mil km² de área desmatada, equivalente quase a totalidade do Estado do Rio de Janeiro.[2]

Por isso, tenho a oportunidade de retomar o tema da Ação Civil Pública na Defesa do Meio Ambiente. A Ação Civil Pública é, seguramente, o instrumento processual de maior importância na defesa do Meio Ambiente e dos direitos transindividuais.

Nunca foi tão necessário debatermos os temas afetos ao Meio Ambiente. Não é apenas sobre o que podemos ou devemos fazer. É participar. Combater a degradação ambiental é um dever de todos. É nossa obrigação enquanto sociedade lutarmos pelo Meio Ambiente, pela sadia qualidade de vida, pela preservação do nosso planeta, pela nossa existência.

---

[2] Mapbiomas Brasil – Acesso 08/03/2023

RESUMO

O presente trabalho está voltado à proteção jurídica ao Meio

Ambiente e trata sobre um dos meios processuais para sua defesa

no Direito Positivo Brasileiro: a Ação Civil Pública; considerado o

instrumento mais importante e eficaz na defesa ambiental. Esse

trabalho acadêmico traça o perfil da Lei da Ação Civil Pública, Lei

7.347/85, desde sua criação, posteriores modificações até sua

utilização atual, demonstrando sua larga utilidade na defesa dos

direitos metaindividuais, principalmente no que tange o Direito

Ambiental. Foram utilizados a pesquisa doutrinária, a legislação e

detalhes da jurisprudência, constatando-se a larga utilização da mesma, principalmente pelo Ministério Público, um dos legitimados ativos para propositura dessa Ação. Portanto, imprescindível a análise do tema em face da necessidade de conscientização da sociedade de que preservar o Meio Ambiente é preciso e que a legislação em vigor possui mecanismos da mais alta utilidade e qualidade para tanto.

Palavras-chave: Ação Civil Pública – Meio Ambiente – Ministério Público.

SUMÁRIO

INTRODUÇÃO

A sociedade na medida em que evolui vai conquistando cada vez mais espaço, através do acesso à informação, aos bens de consumo e de produção em massa. As vicissitudes da vida moderna transformam os indivíduos em vorazes consumidores, pouco importando quais os meios utilizados para fabricação e disponibilização dos bens a serem consumidos. A sociedade de capital, na qual vivemos, transforma e corrompe, desmata e incendeia e, onde outrora uma floresta, hoje um arranha-céu de toneladas de concreto.

O progresso não perdoa e a poluição é o preço que se paga pela modernidade e pelos bens de alta tecnologia. Não se quer aqui ser contra o crescimento, a evolução e o progresso, tão necessários na atual conjuntura globalizada, mas a favor da defesa dos bens naturais, aqueles que, com certeza, nem sempre são vistos, mas que de suma importância para a sobrevivência da espécie humana, como por exemplo, a água.

O Direito ao Meio Ambiente ecologicamente equilibrado está consagrado na Constituição Federal vigente – CF/88 e, através dele, é que se poderá cogitar de sobrevivência das futuras gerações. Para a conservação desse Meio Ambiente ecologicamente equilibrado, é que os legisladores brasileiros aprovaram medidas (leis) de combate à poluição e à degradação ambiental.

Com o crescimento da população em progressão geométrica e a produção em massa para atender toda essa demanda e as consequentes agressões ambientais na mesma escala, não poderia o Poder Público ficar inerte, pacífico a tamanho desastre. Assim, ante a necessidade de frear a destruição dos bens naturais, em face da possibilidade de não mais se renovarem, o Poder Público passou a tomar medidas legais na tentativa de prevenir e responsabilizar os agentes ativos de tais agressões, através de leis de proteção ambiental e de instrumentos processuais visando à responsabilização pelos danos causados.

O presente trabalho trata sobre um dos meios processuais de defesa do Meio Ambiente no Direito Positivo Brasileiro, a Ação Civil Pública (ACP), considerado um dos instrumentos mais importantes e mais eficazes na defesa ambiental. Há que se ressaltar aqui que esse estudo não tem pretensão de esgotar o assunto, mas apenas trazer uma apreciação do tema, apresentando alguns tópicos que pareceram mais pertinentes para o contexto.

O assunto proposto tem real relevância, pois trata da defesa dos interesses e direitos metaindividuais, entre eles o Meio

Ambiente que, sem dúvida, é um dos bens mais valiosos para a humanidade. A partir do momento que a sociedade tomar consciência efetiva dos valores ambientais e a necessidade de preservá-los para as presentes e futuras gerações, poderemos dizer que houve evolução e conscientização ambiental, então aumentarão as chances de o Meio Ambiente sobreviver à tamanha degradação e desrespeito.

A base da presente pesquisa foi a doutrina e a legislação. A doutrina encontrada permitiu um aprendizado de valor, embasado em profissionais do mais alto conhecimento como Ada Pellegrini Grinover, Cândido Rangel Dinamarco, Edis Milaré, Elida Séguin, Hely Lopes Meirelles, Hugo Nigro Mazzilli, Motauri Ciocchetti de Souza, Odete Medauar, Paulo Affonso Leme Machado, Paulo de Bessa Antunes, Pedro da Silva Dinamarco, Rodolfo de Camargo Mancuso, Vladimir Passos de Freitas, etc. Ainda podemos encontrar trabalhos de extremo valor nas revistas especializadas, principalmente na Revista do Direito Ambiental, Revista dos Tribunais entre outras.

O tema proposto demonstrará, brevemente, a evolução do direito positivo brasileiro na defesa ambiental e a seguir, no primeiro capítulo, as razões da evolução da Ação Civil Pública na visão sociológica e antropológica. Os motivos que levaram a sociedade a necessitar de leis que regulassem os bens ambientais: Natureza, Patrimônio Histórico, Artístico, etc. Ainda, demonstrará o que são os interesses difusos, coletivos e individuais homogêneos e a evolução no contexto histórico da Ação Civil Pública propriamente dita.

O segundo capítulo demonstrará o conceito da Ação Civil Pública anterior e posteriormente à Lei 7.347/85. Demonstrará ainda, suas características, a finalidade que tem como objeto reparar os danos causados, visando à condenação a uma obrigação de fazer ou não fazer, ou de dar, pagando quantia em dinheiro.

Ainda, a legislação pertinente, com as alterações dadas pelo Código de Defesa do Consumidor (CDC), pelo Estatuto da Criança e do Adolescente - ECA, e por várias outras Leis que referem a Ação Civil Pública e a defesa do Meio Ambiente. Quanto ao processo, veremos que a Ação Civil Pública aceita o processo de Rito Ordinário (CPC/2015) e ainda Cautelar (tutelas provisórias). Esse capítulo ainda, analisa a questão do Foro competente para ajuizamento das Ações, bem como, a legitimidade processual, a legitimidade ativa do Ministério Público e um breve histórico sobre sua evolução, legitimidade ativa dos demais entes, a possibilidade de litisconsórcio, a legitimidade passiva, o inquérito civil, o compromisso de ajustamento de conduta, visando sempre à prevenção dos danos ao Meio Ambiente. Ainda a análise da coletividade como destinatária do Direito Ambiental e o direito fundamental a qualidade do meio ambiente.

O terceiro capítulo analisará a eficácia da Ação Civil Pública enquanto instrumento de defesa do Meio Ambiente, ou seja, analisará a sentença, a questão da coisa julgada relativamente a Ação Civil Pública, assunto da maior importância, pois a coisa julgada produz efeitos *erga omnes*, ou seja, produz efeitos para todos, além dos limites territoriais da coisa julgada e a execução de sentença.

E por fim, no último capítulo, apresentará, brevemente, outros instrumentos processuais de defesa dos interesses metaindividuais no Direito Brasileiro, Mandado de Injunção, Mandado de Segurança Coletivo e a Ação Popular.

O DIREITO POSITIVO BRASILEIRO NA DEFESA AMBIENTAL

Sobre o Direito Positivo Brasileiro na Defesa Ambiental, cabe ressaltarmos uma série de fatos. Mas primeiramente faz-se necessário conceituar Meio Ambiente, e em seguida, analisar a evolução do direito positivo brasileiro na sua defesa. Conforme o artigo 3º, I, da Lei 6.938/81[3], "meio ambiente é o conjunto de condições, leis, influências e interações de ordem física, química e biológica, que permite, abriga e rege a vida em todas as suas formas".

---

[3] Lei da Política Nacional do Meio Ambiente.

Motauri Ciocchetti de Souza diz que: "ao referir-se a aspectos físicos, químicos e biológicos quis o legislador deixar claro que meio ambiente possui estreita ligação com todos os elementos que, com maior ou menor intensidade, interferem em alguma forma de vida".[4]

Para Hugo Nigro Mazzilli o conceito de Meio Ambiente é bem mais amplo:

> O conceito é tão amplo que permite considerar praticamente ilimitada a possibilidade de defesa da flora, da fauna, das águas, do solo, do subsolo, do ar, com base na conjugação do art. 225 da Constituição com as Leis ns. 6.938/81 e 7.347/85. Também se incluem na noção de meio ambiente diversos valores integrantes do chamado *patrimônio cultural* (bens e direitos de valor artístico, estético, histórico, arqueológico, turístico e paisagístico).[5]

---

[4] SOUZA, Motauri Ciocchetti de. **Interesses Difusos em Espécie: temas de Direito do Consumidor, Ambiental e Lei de Improbidade Administrativa**. São Paulo: Saraiva, 2000, p. 8.
[5] MAZZILLI, Hugo Nigro. **A Defesa dos Interesses Difusos em Juízo**. 12.ed. rev. ampl. e atualiz. São Paulo: Saraiva, 2000, p. 122.

Após conceituarmos Meio Ambiente para melhor compreensão, cabe trazermos à baila a evolução do Direito na sua defesa com referido acima. O Direito positivo brasileiro em vários aspectos dispôs sobre a defesa ambiental. Após a Independência em 1822, surgiu nova ordem jurídica com a Constituição de 1824. No ano de 1830 com a promulgação do Código Penal, foram inseridos os artigos 178 e 257 que previam a punição ao corte ilegal de madeira.[6] Já com a República e a edição do Código Civil de 1916, dispôs sobre a proteção ao direito de vizinhança[7], o qual reflexamente alcançava o Meio Ambiente, mais precisamente o artigo 572, que trata do direito de construir.[8]

---

[6] FREITAS, Vladimir Passos de. **A Constituição Federal e a Efetividade das Normas Ambientais**. São Paulo: Revista dos Tribunais, 2000, p. 19.

[7] Dos Direitos de vizinhança: Capítulo II, Seção V, artigos 554/588 do Código Civil de 1916.

[8] "O proprietário pode levantar em seu terreno as construções que lhe aprouver, salvo o direito dos vizinhos e os regulamentos administrativos".

Já na década de 30 o Decreto 24.645 de 10 de julho de 1934, coíbe maus tratos a animais e em 23 de janeiro de 1934 é instituído o Código Florestal pelo Decreto-Lei 23.793, contendo diversas normas de natureza penal.[9] Em 1940 com a edição do Código Penal atual, foram incluídos artigos que reprimem a ação contra a saúde ou o patrimônio, que indiretamente atingem o Meio Ambiente, como por exemplo, o artigo 165 que trata do dano em coisa de valor artístico, arqueológico ou histórico.[10]

Após algumas décadas, o legislador parte para a criação de importantes textos legais, mais diretamente ligados a melhor qualidade do Meio Ambiente. Desta forma foi editado um novo Código Florestal[11], bem como a Lei de Proteção à Fauna[12] e o chamado Código de Pesca.[13] Neste ínterim, foi criada a Lei da Ação

---

[9] FREITAS, Vladimir Passos de. *Ibidem*, p. 19.
[10] "Destruir, inutilizar ou deteriorar coisa tombada pela autoridade competente em virtude de valor artístico. Arqueológico ou histórico: Pena – detenção, de 6 (seis) meses a 2 (dois) anos, e multa".
[11] Lei 4.771 de 18 de setembro de 1965.
[12] Lei 5.197 de 03 de janeiro de 1967.
[13] Decreto-Lei 221 de 28 de fevereiro de 1967.

Popular, onde se permitiu ao cidadão pleitear a anulação de atos

lesivos ao patrimônio da União, Distrito Federal, dos Estados e dos

Municípios[14] e por extensão a defesa dos interesses ligados ao

Meio Ambiente.[15]

Em 14 de agosto de 1975 foi editado o Decreto-Lei 1.413,

que pode ser considerado o primeiro diploma brasileiro de objetiva

proteção ambiental, que visava o controle da poluição do Meio

Ambiente provocada por atividades industriais.[16] Mas na década de

oitenta a evolução se acelerou[17] ainda mais, e logo em 31 de agosto

de 1981 foi criada a Lei 6.938 que sem dúvida nenhuma foi um

marco na história da regulação ambiental no Brasil, chamada de

Lei da Política Nacional do Meio Ambiente, que constituiu o

Sistema Nacional do Meio Ambiente e instituiu o Cadastro Técnico

---

[14] Artigo 1º da Lei 4.717/65.

[15] Artigo 1º da Lei 4.717/65, § 1º - "Consideram-se patrimônio público para os fins referidos nesse artigo, os bens e direitos de valor econômico, artístico, estético, histórico ou turístico".

[16] Artigo 1º - "as indústrias instaladas ou a se instalarem em território nacional são obrigadas a promover medidas necessárias a prevenir ou corrigir os inconvenientes e prejuízos da poluição e da contaminação do meio ambiente".

[17] FREITAS, Vladimir Passos de. *Ibidem*, p. 24.

Federal de Atividades e Instrumentos de Defesa Ambiental.[18] Não

obstante, posteriormente, veio à baila a criação da Lei 7.347/85,

Lei da Ação Civil Pública (LACP), objeto do presente estudo, com

o fim específico de disciplinar a responsabilidade de danos

causados ao Meio Ambiente, ao Consumidor, a Bens e Direitos de

Valor Artístico, Estético, Histórico, Turístico e Paisagístico

(vetado).[19] Finalmente a Constituição da República Federativa do

Brasil promulgada em 05 de outubro de 1988, trouxe importantes

mudanças e contribuições para a defesa ambiental, elevando a

Ação Popular e Ação Civil Pública entre outras, a remédios

constitucionais, dando mais certeza e garantias da eficácia dessas

demandas. Cabe ainda, salientar, por oportuno, a entrada em vigor

da Lei 9.605 de 12 de fevereiro de 1998, conhecida por Lei Penal

Ambiental, que dispõe sobre as sanções penais e administrativas

derivadas de condutas e atividades lesivas ao Meio Ambiente.[20]

---

[18] Artigo 1º (redação original).
[19] Preâmbulo da Lei 7.347/85.
[20] Preâmbulo da Lei 9.605/98.

No tocante ao direito material, de nada adiantaria todas essas leis, se não fosse permitida a sociedade reivindicá-las em juízo. O acesso à justiça é requisito indispensável à defesa do Meio Ambiente, consagrado ainda pelo direito constitucional de ampla defesa previsto na nossa Carta Maior. São institutos de plena eficácia no Direito positivo brasileiro, que em termos práticos, significa que ninguém será impedido de pedir providências ao Estado com base em exigências formais ou econômicas.[21] Nesse aspecto particular de acesso à justiça nada melhor que mencionarmos a obra de Mauro Cappelletti e Bryant Garth, que bem dizem sobre o assunto:

> O recente despertar de interesse em torno do acesso efetivo à Justiça levou três posições básicas... Podemos afirmar que a primeira solução para o acesso – a primeira "onda" desse movimento novo – foi a *assistência judiciária*; a segunda dizia respeito às reformas tendentes a proporcionar *representação jurídica para os interesses "difusos"*; e o terceiro – e mais recente – é o que nos propomos a chamar simplesmente *"enfoque de acesso à justiça"* porque inclui

---

[21] FREITAS, Vladimir Passos de. *Ibidem*, p. 37.

os posicionamentos anteriores, mas vai muito além deles, representando, dessa forma, uma tentativa de atacar as barreiras ao acesso de modo mais articulado e compreensivo.[22]

É imperativo que se mencione que no Brasil o acesso ao judiciário para a defesa do Meio Ambiente é pleno e eficiente.[23] As Leis 6.938/81 e 7.347/85 deram legitimidade ativa para o Ministério Público da União e dos Estados, à Defensoria Pública, às autarquias, empresas públicas, fundações, sociedade de economia mista ou associações, ingressarem em juízo para a defesa do Meio Ambiente.[24] Não obstante, é o Ministério Público, possivelmente por estar melhor estruturado, que detém a quase totalidade das ações civis públicas na defesa ambiental.[25] Ainda, ao cidadão foi concedido o direito de propor Ação Popular para também exercer sua cidadania na defesa ambiental.[26]

---

[22] CAPPELLETTI, Mauro; GARTH, Bryant. **Acesso à Justiça**. Traduzido por Ellen Gracie Northfleet. Porto Alegre: Sérgio Antônio Fabris, 1988, p. 31.
[23] FREITAS, Vladimir Passos de. *Ibidem*, p. 37.
[24] A Lei 6.938/81 prevê a legitimidade no artigo 14, §1º e a Lei 7.347/85 prevê legitimidade no artigo 5º.
[25] FREITAS, Vladimir Passos de. *Ibidem*, p. 37.
[26] Artigo 5º, LXXIII, da CF/88 e Lei 4.717/65 artigo 1º.

1 EVOLUÇÃO HISTÓRICA DA PROTEÇÃO JURÍDICA AO MEIO AMBIENTE – AÇÃO CIVIL PÚBLICA

1.1 RAZÕES DA EVOLUÇÃO – NA VISÃO DA SOCIOLOGIA E DA ANTROPOLOGIA

Com o fim do absolutismo monárquico e a ascensão da burguesia com a Revolução Francesa em 1789 e a criação do Estado Democrático de Direito, se afirmaram os princípios democráticos em todo hemisfério ocidental, regulando os direitos naturais da pessoa humana. No século XVIII, sob influência do jusnaturalismo, amplamente difundido pela obra dos contratualistas, afirma-se a superioridade do indivíduo, portador de direitos naturais inalienáveis que deveriam receber a proteção do Estado.

Após outros acontecimentos históricos que consagraram os chamados Direitos Fundamentais[27], como a Magna Carta do Rei João Sem Terra de 1215, o *Bill of Rights* de 1689, a Revolução Americana de 1776 e o ápice desses direitos com a declaração francesa dos Direitos do Homem em 1789, foi necessário o desenvolvimento tanto do Direito Constitucional quanto do Direito Administrativo para regular as funções do Estado.

A primeira das Constituições escritas (em virtude de melhor definirem as novas condições políticas, ao mesmo tempo em que tornavam muito mais difícil qualquer retrocesso) foi a do Estado

---

[27] Alguns direitos fundamentais consagrados na Declaração de Direitos do Homem e do Cidadão de 1789: "a garantia da igualdade, da liberdade, da propriedade, da segurança, da resistência à opressão, da liberdade de associação política, bem como o respeito ao princípio da legalidade, da reserva legal e anterioridade em matéria penal, da presunção de inocência, assim também a liberdade religiosa e a livre manifestação do pensamento".

de Virgínia em 1776, mas a primeira posta em prática foi a dos Estados Unidos da América de 1787. Contudo, em virtude da Declaração Universal dos Direitos do Homem e do Cidadão foi à francesa de 1789 que teve maior repercussão.[28]

O início do século XIX marca o surgimento do Direito Administrativo como ramo autônomo da ciência do Direito. É comum apontar uma lei francesa de 1800 como seu ato de nascimento, essa lei disciplinou de modo sistemático a organização administrativa francesa com base na hierarquia e centralização.[29] É comum a afirmação, ainda, de que o Direito Administrativo nasceu daquelas Revoluções que puseram fim ao velho regime absolutista. Portanto, foi com o Estado de Direito que se cogitou de normas delimitadoras da organização e da ação do Poder Público.

---

[28] MONTEIRO, Marcos Roberto Gentil. **Estado Constitucional**. Universidade Tiradentes. Centro de Ciências Sociais Aplicadas. Departamento de Direito. Teoria Geral do Estado. Disponível em <http://www.marcosmonteiro.na-web.net> Acesso em: 10.ago.2003. 20:28:15.
[29] MEDAUAR, Odete. **Direito Administrativo Moderno**. 7.ed. rev. e atual. São Paulo: Revista dos Tribunais, 2003, p. 34.

O objeto ou conteúdo do Direito Administrativo varia, assim como o Estado, no tempo e no espaço. Inicialmente as atividades da Administração Pública abrangiam a segurança interna e externa e alguns serviços (públicos) essenciais. O crescimento das necessidades coletivas, segundo concepções políticas e econômicas bem definidas, centradas sobretudo no chamado Estado Social[30], ampliaram as funções administrativas do Poder Público. Os serviços públicos passaram a abranger serviços sociais, comerciais e industriais. O poder de polícia chegou à proteção do Meio Ambiente e à defesa do consumidor. A atuação do Estado atingiu a esfera da atividade econômica de natureza privada.[31] A atividade administrativa passou a incentivar a iniciativa privada de utilidade pública com subvenções, financiamentos, benefícios fiscais e outros. Em suma, a administração passou a abranger, num sentido bem amplo: fomento, polícia, serviço público e intervenção.

---

[30] MEDAUAR, Odete. *Ibidem*, p. 28. "Existe um Estado Social quando se verifica uma generalização dos instrumentos e das ações públicas de segurança e bem-estar social".

[31] MEDAUAR, Odete. *Ibidem*, p. 29.

O Estado[32], que conceituado do ponto de vista sociológico é corporação territorial dotada de um poder de mando originário; e que sob aspecto político é comunidade de homens fixada sobre um território, com potestade superior de ação, de mando e de coerção, e ainda, sob o aspecto constitucional, é pessoa jurídica territorial soberana[33], delegou-se a proteção dos bens com relevada importância, sendo retirada do particular à possibilidade de obter, por forças e meios próprios, o que entendia seu de direito, cabendo ao Estado essa gestão e administração.[34]

Dentre os bens de relevada importância, sem dúvida nenhuma o Meio Ambiente é um deles, assim sua preservação

---

[32] Do lat. *Status*. Nação politicamente organizada. Organismo político administrativo que, como nação soberana ou divisão territorial, ocupa um território determinado, é dirigido por governo próprio e se constitui pessoa jurídica de direito público, internacionalmente reconhecida. Dicionário Aurélio Eletrônico, 2003.

[33] MEIRELLES, Hely Lopes. **Direito Administrativo Brasileiro**. 4.ed. atual. São Paulo: Revista dos Tribunais, 1976, p. 38.

[34] MORAES, Luís Carlos Silva de. **Curso de Direito Ambiental**. São Paulo: Atlas, 2001, p. 15.

interessa mais de perto a toda coletividade[35], tendo sido determinado pela Constituição Federal de 1988, no Título VIII, Capítulo VI, artigo 225, "que todos têm direito ao meio ambiente ecologicamente equilibrado, bem de uso comum do povo e essencial à sadia qualidade de vida, impondo-se ao Poder Público e à coletividade o dever de defendê-lo e preservá-lo para as presentes e futuras gerações".

Com o fenômeno da globalização, que faz migrar para os países periféricos, como o Brasil, as indústrias poluidoras e na medida em que se privilegiam a livre iniciativa, aceita-se a consequência resultante do estabelecimento de empresas que se deslocam exatamente para garantir o ambiente saudável de outras partes do mundo. O efeito perverso disso é que a falta de cuidado

---

[35] MIRRA, Álvaro Luiz Valery. **Ação Civil Pública: Lei 7.347/1985 – 15 anos**. MILARÉ, Edis (coord.). 2.ed. rev. e atual. São Paulo: Revista dos Tribunais, 2002, p. 48.

ambiental que daí decorre vai servir para que sejam criados embaraços ao comércio dos nossos produtos.[36]

Assim cada vez mais foi necessária a organização da sociedade, ante a sua massificação, bem como os crescentes desastres ecológicos que despertaram na segunda metade do século XX uma preocupação maior com o Meio Ambiente. Esta nova consciência ecológica propiciou o surgimento do Direito Ambiental, com o fim de compatibilizar desenvolvimento econômico e preservação do Meio Ambiente, binômio este, que pretende tornar viável o que se denominou de desenvolvimento sustentável.[37] A partir de sua criação, o Direito Ambiental passou a tutelar os chamados direitos metaindividuais[38] (divididos em difusos, coletivos e individuais homogêneos) aqueles que servirão

---

[36] AGUIAR, Ruy Rosado de. O Meio Ambiente e a Jurisprudência do Superior Tribunal de Justiça. **Revista do Direito Ambiental**. São Paulo: Revista dos Tribunais n. 25, janeiro/março 2002, p. 206.
[37] ALMEIDA, Maria Carmen Cavalcanti de. **Da Legitimidade do Ministério Público nas Ações Civis Públicas de Meio Ambiente**. Revista do Direito Ambiental. São Paulo: Revista dos Tribunais n. 19, julho/setembro 2000, p. 99.
[38] SOUZA, Motauri Ciocchetti de. **Ação Civil Pública e Inquérito Civil**. São Paulo: Saraiva, 2001, p. 4.

a toda a coletividade, chamados "bens da vida" como água, o ar atmosférico, a flora e o solo.

Os interesses difusos são aqueles pertencentes a um número indeterminado de pessoas, titulares de um objeto indivisível e que estão ligadas entre si por um vínculo fático.[39][40] Já os interesses coletivos são aqueles pertencentes a um número determinado de pessoas, integrantes de um grupo, categoria ou classe, titulares de um objeto indivisível e que estão ligadas entre si ou com a parte contrária por um vínculo jurídico.[41][42] Os interesses individuais homogêneos são aqueles que dizem respeitos a um número determinado de pessoas, titulares de objetos divisíveis e que estão

---

[39] *Ibidem*, p. 5.

[40] O Artigo 81, § único, I do Código de Defesa do Consumidor - CDC, conceitua expressamente os interesses difusos, que veremos mais detalhadamente em título especial.

[41] SOUZA, Motauri Ciocchetti de. *Ibidem*, p. 7.

[42] O Artigo 81, § único, II do CDC, conceitua expressamente os interesses coletivos, que veremos mais detalhadamente em título especial.

ligados entre si por um vínculo fático, decorrente da origem comum das lesões.[43] [44]

Ocorre no Direito Ambiental que o desenvolvimento do Direito leva a uma enorme adaptação da regra de proteção e da escala de importância de cada bem jurídico em relação aos demais. As regras ambientais se afastaram do Direito Administrativo, compondo disciplina própria. Todavia, não basta apenas fazer essa afirmação, havendo a necessidade de se buscar a dinâmica histórica desse fato.

A proteção do Meio Ambiente passou a ser tema de elevada importância principalmente a partir da Lei 6.938/81, que disciplinou a Política Nacional do Meio Ambiente. O direito ao Meio Ambiente ecologicamente equilibrado entra deliberadamente como direito fundamental da pessoa humana, não mais como

---

[43] SOUZA, Motauri Ciocchetti de. *Ibidem*, p. 10.
[44] O Artigo 81, § único, III do CDC, conceitua expressamente os interesses individuais homogêneos, que veremos mais detalhadamente em título especial.

simples aspecto de atribuição de órgãos ou de entidades públicas.

Bem se sabe que os direitos fundamentais são históricos: nascem e

se transformam. Apareceram com a revolução burguesa e

evoluíram, ampliaram-se com o decorrer dos tempos. A cada etapa

da história novos direitos fundamentais surgem, a ponto de se falar

em gerações de direitos fundamentais: direitos de primeira,

segunda e terceira gerações.[45]

A primeira geração desses direitos é ilustrada por todos

aqueles elementos relacionados ou formadores da personalidade

humana, os direitos civis: a vida, a intimidade, a segurança pessoal,

a igualdade, o direito de expressão[46], a propriedade, sendo o titular

desses direitos o indivíduo singularmente considerado. Seguiu-se

com a implementação histórica dos direitos, passando o Estado a

tutelar não só a garantia dos elementos da *persona*, mas os direitos

que essa possuía em razão das coisas e das obrigações, como

---

[45] SILVA, José Afonso da. **Fundamentos Constitucionais da Proteção do Meio Ambiente**. Revista do Direito Ambiental. São Paulo: Revista dos Tribunais n. 27, julho/setembro 2002, p. 51.
[46] MORAES, Luís Carlos Silva de. *Ibidem*, p. 15.

também a sua proteção em face das demais pessoas, constituindo, então, a segunda geração de direitos[47], chamados de econômicos e sociais, que visam a saúde, habitação, educação, salário suficiente à sobrevivência, seguridade social, obrigações de dar, fazer e não fazer, sendo titulares os sujeitos coletivos. A terceira geração seguiu com os direitos coletivos e difusos, que visam o patrimônio comum da humanidade, desenvolvimento, paz, comunicação, Meio Ambiente.[48]

A maior prova dessa evolução histórica é a inserção em nossa Carta Magna de 1988 da previsão de normas que tutelam os Direitos Ambientais sob o Título que rege a Ordem Social (TÍTULO VIII – Da Ordem Social (artigos 193 a 232))[49], ou seja, o Poder Constituinte Originário compreendeu que estes interesses deveriam estar protegidos da mesma forma que os direitos coletivos. A Carta Política de 88, como típica Constituição

---

[47] *Ibidem*, p. 15.
[48] SILVA, José Afonso da. *Ibidem*, p. 51-52.
[49] MORAES, Luís Carlos Silva de. *Ibidem*, p. 15

transformista, busca superar o liberalismo pela configuração de um Estado Democrático de Direito, com marcado acento nos valores que emanam dos direitos de 2ª geração (valores sociais) e 3ª geração (a solidariedade).[50] A evolução histórica fez mostrar, especialmente na democracia, que a sobrevivência de todos está ligada à proteção do mais fraco ou de coisas e elementos que, por não serem de ninguém formavam um coletivo desprotegido.[51]

Analisando essas considerações, verifica-se a influência direta do Meio Ambiente em que o homem vive na sua qualidade de vida, transformando-se assim, em um bem ou patrimônio, cuja preservação, recuperação e revitalização tornaram-se um imperativo do Poder Público para garantir o bem-estar e o desenvolvimento equilibrado da sociedade. Dessa forma, a proteção ao Meio Ambiente reflete os interesses metaindividuais – onde se sobressai o Meio Ambiente – que compreendem os difusos,

---

[50] SILVA, José Afonso da. *Ibidem*, p. 52.
[51] MORAES, Luís Carlos Silva de. *Ibidem*, p. 15.

coletivos (em sentido estrito) e individuais homogêneos[52], que superam as noções tradicionais de interesse individual ou coletivo, constituindo-se num novo patamar entre o interesse público (bem geral da comunidade) e o privado (do indivíduo).[53]

O Meio Ambiente constitui patrimônio público a ser necessariamente assegurado e protegido pelos organismos sociais e pelas instituições estatais, qualificando-se como encargo que se impõe, sempre em benefício das presentes e futuras gerações, assim como previsto no artigo 225 da CF/88. E a proteção do Meio Ambiente, como se nota, manifesta-se como um direito fundamental e incumbe ao Estado que assuma a função de promotor do Direito mediante ações afirmativas que criem as condições necessárias ao gozo do bem jurídico, chamado qualidade do Meio Ambiente.[54]

---

[52] MANCUSO, Rodolfo de Camargo. **Ação Civil Pública Trabalhista: Análise de Alguns Pontos Controvertidos**. São Paulo: Revista dos Tribunais n. 732, outubro 1996, p. 16.
[53] SOUZA, Motauri Ciocchetti de. *Ibidem*, p. 49.
[54] SILVA, José Afonso da. *Ibidem*, p. 52.

Diante da grande relevância do Meio Ambiente, a Carta Política de 1988 reservou capítulo especial para a sua regulamentação[55], impondo ao Poder Público e a coletividade o dever de defendê-lo e preservá-lo para as presentes e futuras gerações, sendo de competência comum da União, Estados, Distrito Federal e dos Municípios a sua proteção, o combate à poluição em qualquer de suas formas e a preservação das florestas, da fauna e da flora.

Ocorre, porém, que o problema da tutela jurídica do Meio Ambiente manifesta-se com o desrespeito do homem às normas de que visam protegê-lo, degradando-o e consequentemente, ameaçando o bem-estar e a qualidade de vida humana, colocando em risco, inclusive, a própria sobrevivência da espécie. Disso decorre que, o Estado na sua função obrigou-se a tutelar os direitos da sociedade ou os chamados direitos metaindividuais (coletivos,

---

[55] CF/88, Título VIII, Capítulo VI, artigo 225.

difusos e individuais homogêneos). Na atualidade, persiste entre nós, um *sistema dual* de jurisdição civil: um, que se destina a regular as demandas individuais, reguladas pelo Código de Processo Civil; e outro, que se presta à tutela das demandas coletivas.[56][57]

Na interpretação de Mauro Capelletti[58], visualiza-se uma nova realidade, "uma sociedade ou civilização de produção em massa, de troca e de consumo de massa, bem como de conflitos de massa (em matéria de trabalho, de relações entre classes sociais, entre raças, religiões etc.)" o que justifica o aparecimento de situações de vida mais complexas, sujeitas à regulação do Direito. São essas as violações de massas que hoje colorem a nova tutela

---

[56] ROCHA, Eliana Pires. **Aspectos e Instrumentos da Tutela Jurisdicional Coletiva no Brasil**. Disponível em <u><http://www.uv.es/~ripj/8dobr.htm></u> Acesso em 13.ago.2003, 15:27:34

[57] As demandas coletivas, segundo Mauro Cappelletti, estão inseridas na segunda onda de acesso à justiça. A segunda onda, propõe a resolução de demandas coletivas. No CPC atual há um microssistema de resolução de demandas repetitivas, em que convém resolver todos os processos em uma sentença só.

[58] CAPPELLETTI, Mauro. **Formações Sociais e Interesses Coletivos**. Revista do Processo. São Paulo: Revista dos Tribunais n. 5, 1994.

jurisdicional, a qual, de caráter inicialmente individual, veste-se de natureza coletiva contra violações voltadas em desfavor de classes, grupos e coletividades. As reivindicações sociais se ampliam e buscam referenciais estáveis em uma nova positivação de aspirações formuladas por movimentos de massa. O Direito, portanto, esvazia-se, em grande parte, de seu conteúdo de instrumento de dominação para se constituir um instrumento cristalizador de reivindicações das mais diversas.[59]

A divisão do interesse público em primário e secundário mostrou que a sociedade possuía direitos – e que estes não se confundiam com os da Administração Púbica. Para Maria Carmen Cavalcanti de Almeida o interesse público primário "é o que trata de interesse geral da sociedade e o secundário refere-se ao interesse do Estado estrito senso".[60] Já Motauri Ciocchetti de Souza entende que o interesse público primário "retrata a manifestação de vontade

---

[59] ANTUNES, Paulo de Bessa. **Direito Ambiental**. 6.ed. Rio de Janeiro: Lumen Juris, 2002, p. 21.
[60] ALMEIDA, Maria Carmen Cavalcanti de. *Ibidem,* p. 100.

social, aquilo que a sociedade deseja para si própria". E por interesse público secundário entende que "é o modo pelo qual o administrador interpreta a vontade social, a forma segundo a qual o Estado age, supostamente visando alcançar um benefício para a população".[61]

Assim, o sentido de subjetivismo que tradicionalmente se conferia aos direitos perdeu grande parte de sua importância, fato que restou ainda mais reforçado com os pioneiros estudos realizados por Mauro Cappelletti, identificando a existência de um feixe de interesses que não pertenciam quer a particulares, quer à Administração Pública.[62] A partir de então, foram identificados os chamados direitos metaindividuais, como já mencionado, divididos em difusos, coletivos e individuais homogêneos (que veremos em tópicos especiais).

---

[61] SOUZA, Motauri Ciocchetti de. *Ibidem*, p. 3-4.
[62] SOUZA, Motauri Ciocchetti de. *Ibidem*, p. 4.

Por volta da metade do século XX a sociedade passou por profundas reformulações. Passamos rapidamente de uma população agrária e rural para industrial e urbana. Vivemos, hodiernamente, em uma sociedade de massas. A concentração populacional urbana duplicou entre os anos 40 e 80, coincidindo com a explosão demográfica que triplicou o número de habitantes no país.[63] Esses fenômenos, como o êxodo rural, transformaram o Brasil contemporâneo, surgindo grupos de várias espécies: aposentados, pensionistas, mutuários, contribuintes, consumidores, entre outros. Assim, esse processo de transformação, culminou nos conflitos sociais envolvendo grandes grupos ou toda a coletividade, nos mais variados segmentos, desenvolvimento econômico, preservação ambiental, segurança, direitos do consumidor, arrecadação fiscal, entre muitos outros conflitos.

---

[63] De 1940 a 1996, o Brasil passou de 41.236.315 para 157.070.663 habitantes, sendo que, a população urbana passou de 12.880.182 para 123.076.831, aumento de quase 1.000% (hum mil por cento) – Disponível: <http://www.ibge.gov.br/home/estatistica/populacao/censohistorico/1940_1996.shtm> censo 2000. Acesso em: 13.jul.2003. 21:35:50

A sociedade, cada vez mais diante de conflitos e interesses resultantes das transformações sociais ocorridas no país, e consequentemente pelo crescimento do Estado, teve a necessidade de um plano jurídico, de conceito diretamente direcionado às massas, transindividual – difuso ou coletivo – em diversas áreas, ambiental, patrimônio público, prestação de serviços, consumo, tributação, que determinaria a solução desses conflitos. Assim, os contratos de massas, vinculados à mudança do tipo de civilização, à concentração urbana e às relações cada vez mais desiguais entre as partes, passaram a exigir remédios de maior densidade e eficiência, sob pena de frustração da Justiça. Conforme menciona Edis Milaré, "numa sociedade de massa, há que existir igualmente um processo civil de massa, solidarista, comandado por Juiz bem consciente da missão interventista do Estado na ordem econômico-social e na vida das pessoas".[64]

---

[64] MILARÉ, Édis. **Ação Civil Pública: Lei 7.347/1985 – 15 anos**. 2.ed. rev. e atual., São Paulo: Revista dos Tribunais, 2002, p. 170.

Como consequência do alcance desses direitos e a necessidade de tutelá-los, criando-se para tanto regras a serem observadas tanto pelos particulares quanto pela Administração Pública[65], é que foram criados institutos normativos, tanto em âmbito interno, como internacional, que estabeleceram diversos instrumentos com o escopo de preservar o Meio Ambiente, recuperá-lo de possíveis danos e punir os seus responsáveis.

Assim, com a necessidade de mecanismos eficientes para a defesa dos direitos difusos e coletivos, dentre eles o direito ao Meio Ambiente ecologicamente equilibrado, os legisladores, na década de 80, criaram a Ação Civil Pública, tutelando assim os interesses metaindividuais, tendo em vista, as enormes transformações políticas, sociais e econômicas sofridas pelo Brasil naquelas

---

[65] Conforme MEIRELLES, Hely Lopes. **Direito Administrativo Brasileiro**. 4.ed. atual. São Paulo: Revista dos Tribunais, 1976, p. 43-44: "Administração Pública em sentido formal é o conjunto de órgãos instituídos para a consecução dos objetivos do Governo; em sentido material, é o conjunto das funções necessárias aos serviços públicos em geral. Em visão geral, é todo o aparelhamento do Estado preordenado à realização de seus serviços, visando à satisfação das necessidades coletivas".

últimas décadas. Diante de tal situação social à Ação Civil Pública foi criada tendo no Ministério Público um dos principais agentes norteadores e pacificadores dos interesses da sociedade.

A Ação Civil Pública insere-se nesse quadro de grande democratização do processo, cuja função precípua é recompor o dano causado, atingindo, no direito brasileiro, características peculiares e inovadoras. Essa nova técnica processual surge para atender e corrigir certas situações fáticas e determinados imperativos sociais, tais como, a desigualdade das partes; a necessidade de criação de mecanismos para a defesa dos grupos sociais; necessidade de atendimento eficaz e rápido à justiça social. Assim, em virtude de sua finalidade, a Ação Civil Pública já foi definida como um "instrumento avançado da tutela jurisdicional".[66]

---

[66] MEIRELLES, Hely Lopes. **Mandado de Segurança, Ação Popular, Ação Civil Pública, Mandado de Injunção, "Habeas Data"**. 17.ed. atualizada por Arnoldo Wald. São Paulo: Malheiros, 1996. p. 143.

Os direitos conferidos no plano material só fazem sentido quando o ordenamento jurídico coloca nas mãos de seus titulares, ou de seus representantes ideológicos (Ministério Público, Defensoria Pública, associações etc.), mecanismos efetivos para seu exercício. Essa a missão da Ação Civil Pública.[67]

1.1.1 INTERESSES DIFUSOS

Os interesses ou direitos difusos, conforme prevê o Código de Defesa do Consumidor[68], são "os transindividuais de natureza indivisível, de que sejam titulares pessoas indeterminadas e ligadas por circunstâncias de fato". Caracterizam-se pelo fato de que os titulares de tais direitos não podem ser determinados. A ligação entre os titulares se dá por circunstâncias de fato. O objeto desses direitos é indivisível, não pode ser cindido. É difuso, por exemplo:

---

[67] MEIRELLES, Hely Lopes. **Mandado de Segurança, Ação Popular, Ação Civil Pública, Mandado de Injunção, "Habeas Data"**. 17.ed. atualizada por Arnoldo Wald. São Paulo: Malheiros, 1996. p. 171.
[68] CDC, artigo 81, parágrafo único, I.

o direito de respirar ar puro; o direito do consumidor de ser alvo de publicidade não enganosa e não abusiva.

A *indeterminação dos sujeitos*, ou dos titulares do interesse, consiste justamente na impossibilidade da determinação do número exato de pessoas afetadas, potencial ou concretamente, por certo fato.[69] Como não existe alguém admitido a pleitear a tutela de tais interesses, o legislador concede legitimidade extraordinária a certas entidades (como veremos em capítulo especial). Mas onde houver um titular perfeitamente determinado, não se há de falar em interesse difuso, pois aquele sujeito poderá perfeitamente defender-se diretamente, utilizando-se das vias processuais tradicionais. Essas pessoas indetermináveis como acima mencionado, possuem certos direitos que lhes são comuns, entretanto, não se pode identificar a parcela de direito que cabe a cada uma delas.[70]

---

[69] SOUZA, Motauri Ciocchetti de. *Ibidem*, p. 5.
[70] SOUZA, Motauri Ciocchetti de. *Ibidem*, p. 6.

A *indivisibilidade do objeto*, indispensável para que certo direito seja considerado metaindividual, consiste no que podemos dizer, por mais paradoxal que seja, aquele que pertence a todos e a ninguém ao mesmo tempo.[71] São indivisíveis, no sentido de serem insuscetíveis de partição em quotas atribuíveis a pessoa ou grupos pré-estabelecidos. Conforme Barbosa Moreira, "trata-se de uma espécie de comunhão, tipificada pelo fato de que a satisfação de um só implica, por força, na satisfação de todos, assim como a lesão de um só constitui, *ipso facto*, lesão de toda a coletividade".[72]

Como leciona Hugo Nigro Mazzilli "como individualizar as pessoas lesadas pelo derramamento de grandes quantidades de petróleo na Baía de Guanabara, ou com a devastação da Floresta Amazônica?".[73] Não há como identificar todos os prejudicados pela ocorrência de tais fatos, tendo em vista que atingem toda a

---

[71] SOUZA, Motauri Ciocchetti de. *Ibidem*, p. 6.
[72] MOREIRA, José Carlos Barbosa. **A Legitimação para a Defesa dos Interesses Difusos no Direito Brasileiro**. Revista Forense n. 276, Rio de Janeiro: Forense, 1981, p. 184.
[73] MAZZILLI, Hugo Nigro. **A Defesa dos Interesses Difusos em Juízo**. 15.ed. rev., ampl. e atual., São Paulo: Saraiva, 2002, p. 47.

coletividade. Não há que se falar também, que os reparos a essas lesões, atingirão apenas parcela da comunidade, mas sim, o benefício se estenderá a toda comunidade. O interesse difuso é um direito de bem comum.

Quanto ao *vínculo fático ligando entre si pessoas indetermináveis*, podemos dizer, brevemente, que são aqueles fatos que possuem interesse comum, em uma circunstância comum, como, por exemplo, morarem numa mesma cidade, apreciação de mesmos hábitos como ir ao cinema ou frequentarem um parque.

1.1.2 INTERESSES COLETIVOS

Os interesses ou direitos coletivos são "os transindividuais de natureza indivisível de que seja titular grupo, categoria, ou classe de pessoas ligadas entre si ou com a parte contrária por uma relação jurídica base".[74]

Os titulares são indeterminados, mas determináveis, ligados entre si, ou com a parte contrária, por relação jurídica de base. Assim como nos direitos difusos, o objeto desse direito também é indivisível. São coletivos, por exemplo, os direitos dos alunos de determinada escola de terem assegurado a mesma qualidade de ensino em determinado curso.

Assim, são peculiaridades dos interesses coletivos: a indivisibilidade do objeto, a determinação dos sujeitos que formam uma unidade (grupo, categoria ou classe) e a existência de um vínculo jurídico ligado aos integrantes do grupo entre si ou com a parte contrária.[75]

---

[74] Código de Defesa do Consumidor, artigo 81, parágrafo único, II.
[75] SOUZA, Motauri Ciocchetti de. *Ibidem*, p. 7.

Relativamente a *indivisibilidade do objeto* nesse ponto é a mesma em sede dos interesses difusos, conforme já tratado acima, ou seja, aquele que pertence a todos e a ninguém ao mesmo tempo e imprescindível para que seja considerado metaindividual.

A *determinação dos sujeitos* consiste na efetiva possibilidade de aferir-se em exatidão o número de pessoas que possuem a titularidade de certo direito. Neste ínterim, preocupou-se o legislador com a possibilidade de sua identificação, não com a maior ou menor facilidade de obtê-la. As pessoas devem integrar um grupo, categoria ou classe, podendo assim, serem determinadas. Essas pessoas devem manter entre si um vínculo organizacional, como por exemplo, os integrantes de um consórcio.[76]

O *vínculo jurídico* que pode existir *ligando os integrantes do grupo entre si ou com a parte contrária*, deve preexistir a lesão

---

[76] MAZZILLI, Hugo Nigro. **A Defesa dos Interesses Difusos em Juízo**. 12.ed. rev., ampl. e atual. São Paulo: Saraiva, 2000, p. 47.

ou a sua ameaça,[77] no exemplo dos integrantes do consórcio, o vínculo é a adesão de todos ao mesmo grupo. Quando a relação jurídica prevista pela Lei do Código de Defesa do Consumidor (CDC) que liga os integrantes do grupo a um terceiro (à parte contrária), inexistirá, ao menos em princípio, a figura organizacional.[78] Para exemplificar, podemos citar os empregados de determinada empresa (onde todos mantém contratos de trabalho), os alunos de um estabelecimento de ensino e os contratantes de seguro de vida com a mesma seguradora: tais pessoas não mantêm entre si vínculo organizacional qualquer; não obstante, possuem todas elas relação contratual de idêntica natureza com um mesmo terceiro: o empregador, a escola ou a empresa de seguros.[79]

---

[77] DINAMARCO, Pedro da Silva. **Ação Civil Pública**. São Paulo: Saraiva, 2001, p. 55.
[78] SOUZA, Motauri Ciocchetti de. *Ibidem*, p. 9.
[79] *Ibidem*, p. 9.

1.1.3 INTERESSES INDIVIDUAIS HOMOGÊNEOS

A ACP abrange ainda, a defesa dos interesses individuais homogêneos[80], conforme prevê o CDC em seu artigo 81, III[81], que tem como características a determinação dos lesados, divisibilidade do objeto e existência de vínculo fático entre os sujeitos, identificado pela origem comum das lesões por todos sofridas.

O grande divisor de águas e diferenciador entre os direitos individuais homogêneos e os coletivos, está na divisibilidade do objeto, que nos traz com precisão a lesão que a pessoa individualmente sofreu, de forma que a reparação do dano também poderá ser resolvida individualmente, contrariamente aos demais interesses que a solução beneficia toda coletividade indistintamente.[82]

---

[80] SOUZA, Motauri Ciocchetti. *Ibidem,* p. 10. "Aqueles que dizem respeito a um número determinado de pessoas, titulares de objeto divisíveis e que estão ligadas entre si por um vínculo fático, decorrente da origem comum das lesões".

[81] Interesses ou direitos individuais homogêneos, assim entendidos os "decorrentes de origem comum".

[82] Souza, Motauri Ciocchetti. *Ibidem* p. 11.

A ideia de os interesses individuais serem abrangidos por demanda originalmente coletiva, diz respeito ao fato de que os interesses transcendem a individualidade, passando a serem tutelados como interesses eminentemente coletivos. Embora pertinentes a pessoas naturais, se visualizados em conjunto, em forma coletiva e impessoal, ultrapassam a individualidade, impondo-se a necessária proteção por via de instrumento processual único e de eficácia imediata – ação coletiva.[83]

A lesão em potencial que poderá atingir a coletividade impõe que a tutela individual seja tratada de forma coletiva. Conforme Ada Pellegrini Grinover "somente a relevância social do bem jurídico tutelando ou da própria tutela coletiva poderá justificar a propositura de ação coletiva em defesa de interesses privados disponíveis".[84]

---

[83] GRINOVER, Ada Pellegrini. **A Marcha do Processo**. Rio de Janeiro: Forense Universitária, 2000, p. 26-27, citando jurisprudência do STJ – Resp. 49.272-6, RS, 1ª Turma, Rel. Min. Demócrito Reinaldo, j. 21.9.94
[84] GRINOVER, Ada Pellegrini. *Ibidem*, p.27.

A defesa dos interesses individuais homogêneos através da Ação Civil Pública encontra resistência na doutrina moderna. Assim preconiza Hely Lopes Meirelles[85] entendendo que "pela sua natureza, a Ação Civil Pública só pode ser utilizada quando prevista legalmente, aplicando-se o princípio do *numerus clausus*". O artigo 1º da LACP fixa as situações em que a Ação Civil Pública poderá ser usada – defesa dos interesses do meio ambiente, consumidor, bens e direito de valor artístico, estético, histórico, turístico e paisagístico (...). Ocorre, porém, que o entendimento versa pelo fato de que o inciso IV do artigo 1º exclui da esfera da ACP os interesses individuais homogêneos, pois a frase "a qualquer outro interesse difuso ou coletivo" predispõe a exclusão daqueles interesses. Sem embargo, cabe a defesa dos individuais homogêneos nos casos previstos no artigo 1º[86], apenas excluindo-

---

[85] *Ibidem*, p.160.
[86] Artigo 1º - Regem-se pelas disposições desta Lei, sem prejuízo da ação popular, as ações de responsabilidade por danos morais e patrimoniais causados:
I – ao meio ambiente;
II – ao consumidor;

se o inciso IV por compreensão literal do mesmo e mais precisamente na defesa dos interesses do consumidor.

1.2 EVOLUÇÃO NO CONTEXTO HISTÓRICO DA AÇÃO CIVIL PÚBLICA

O termo Ação Civil Pública (ACP) foi utilizado pela primeira vez em um texto legislativo, Lei complementar nº 40, de 13 de dezembro de 1981 (art. 3º, III). Posteriormente, o legislador paulista, ao editar, a Lei Orgânica do Ministério Público do Estado de São Paulo, em 1982, também fez referência (art. 41, I), para dizer que sua promoção se encartava nas atribuições do Promotor de Justiça Curador Judicial de Ausentes e Incapazes.[87]

III – a bens e direitos de valor artístico, estético, histórico, turístico e paisagístico;
IV – a qualquer outro interesse difuso ou coletivo;
V – por infração da ordem econômica;
VI – à ordem urbanística;
VII – à honra e à dignidade de grupos raciais, étnicos ou religiosos;
VIII – ao patrimônio público e social.
[87] Lei Complementar 304, de 28.12.1982.

Inicialmente foi idealizada por uma comissão de renomados juristas que redigiram o anteprojeto a convite do Desembargador José Alberto Weiss de Andrade, após o encerramento de um seminário no final de 1982.[88] O anteprojeto foi aprovado pela Associação Paulista de Magistrados já no primeiro semestre de 1983, tendo sido apresentado ao público em julho do mesmo ano, durante o I Congresso Nacional de Direito Processual.

Após algumas sugestões, a proposta foi apresentada ao Congresso Nacional por meio de projeto de Lei 3.034/84 (Projeto Bierrenbach), tendo sofrido algumas alterações por membros do Ministério Público[89] no seu formato original, tendo sido apresentado então, novo projeto (nº 4.985/85), sendo finalmente convertido na Lei 7.347 de 24 de julho de 1985.[90]

---

[88] O anteprojeto inicialmente foi redigido por Ada Pellegrini Grinover, Cândido Rangel Dinamarco, Kazuo Watanabe e Waldemar Mariz de Oliveira Júnior. Nesse seminário foram proferidas oito palestras por renomados juristas e publicadas na obra coletiva *A tutela jurisdicional dos interesses difusos*, coordenada por Ada Pellegrini Grinover.
[89] Edis Milaré, Antônio Augusto Mello de Camargo Ferraz e Nélson Nery Júnior.
[90] DINAMARCO, Pedro da Silva. *Ibidem*, p. 38.

A Ação Civil Pública foi constituída para a defesa dos interesses transindividuais: proteger os interesses da sociedade. Neste ínterim, a sociedade, cada vez mais necessitou da proteção estatal. Assim, a ACP moldada em defesa dos interesses transindividuais, atribuiu ao Ministério Público (entre outros entes), dentro de suas funções institucionais, a sua promoção. Este instrumento foi adotado, inicialmente, designando-o para a defesa dos interesses relacionados ao meio ambiente, aos consumidores e ao patrimônio artístico, estético, histórico, turístico e paisagístico.

A Carta Magna de 1988 concedeu-lhe *status* constitucional[91], ampliando seu espectro, ao destinar ao Ministério Público a função de promovê-la em defesa do patrimônio público e social, do Meio Ambiente e de quaisquer outros interesses difusos

---

[91] Art. 129 – são funções institucionais do Ministério Público:
(...)
III) "promover o inquérito civil e a ação civil pública, para a proteção do patrimônio público e social, do meio ambiente e de outros interesses difusos e coletivos".

e coletivos. Na realidade a ACP surgiu com o seu campo de aplicação restrito, tanto quanto aos setores de sua incidência, como em relação aos interesses que podiam ser defendidos mediante a utilização no novo procedimento processual.[92]

Com a promulgação do Código de Defesa do Consumidor, ampliando em muito a área de atuação, introduziram-se significativas alterações na Lei da Ação Civil Pública, conferindo-lhe o âmbito inicialmente desejado pelos mentores do seu primeiro projeto, ao autorizar a defesa, por meio da ação coletiva, de qualquer interesse difuso ou coletivo. Instituída uma interação genérica entre essas Leis, ambas repercutiram em instrumentos de igual tutela, porém específicos para a defesa de investidores no mercado imobiliário – Lei 7.913/89, pessoas portadoras de deficiência – Lei 7.853/89, da Criança e do Adolescente – Lei 8.069/90 – contra a improbidade administrativa – Lei 8.429/92, e

---

[92] MEIRELLES, Hely Lopes. **Mandado de Segurança, Ação Popular, Ação Civil Pública, Mandado de Injunção, "Habeas Data".** 17.ed., atual. por Arnoldo Wald. São Paulo: Malheiros, 1996, p. 120.

por repressão as infrações contra a ordem econômica – Lei 8.884/94.

A Constituição de 1988 ao mesmo tempo em que ampliou o leque de opções para o uso da Ação Civil Pública, reconheceu a legitimidade ativa de alguns entes para a defesa de interesses metaindividuais, além do Ministério Público, a União, os Estados, Municípios, autarquia, empresa pública, fundação, sociedade de economia mista e associação, legitimando, dentre esses, os sindicatos no seu artigo 8º, inciso III.[93]

A Lei 7.853/89 que trata da proteção individual e coletiva dos portadores de deficiência ampliou ainda mais o objeto da Ação Civil Pública, dispondo sobre aspectos processuais específicos de defesa coletiva dos interesses dos portadores de deficiência, impondo-se assim, que em caso de desistência ou abandono da

---

[93] "ao sindicato cabe a defesa dos direitos e interesses coletivos ou individuais da categoria, inclusive em questões judiciais ou administrativas" (art. 8º, III, CF/88).

ação, qualquer dos colegitimados pode assumir a titularidade ativa da demanda. Essa disposição veio a ser agregada a Lei da Ação Civil Pública com a edição do Código de Defesa do Consumidor no artigo 112.[94]

Em 07 de dezembro de 1989, foi editada a Lei 7.913, determinando a responsabilidade por danos causados aos investidores no mercado de valores mobiliários. Determinou o ressarcimento de danos individuais a esses investidores, impondo assim, os hoje chamados interesses individuais homogêneos, agregando à Ação Civil Pública a defesa de mais um interesse. Até então somente eram tratados os interesses difusos e coletivos.

O Estatuto da Criança e do Adolescente, Lei 8.069/90, também trouxe inovações para o instituto da Ação Civil Pública, determinando a defesa dos interesses individuais, desde que indisponíveis, coletivos e difusos, impondo multas diárias

---

[94] O artigo 112 do CDC alterou o § 3º do art. 5º da Lei da Ação Civil Pública.

revertidas ao fundo gerido pelo Conselho da Criança e do Adolescente do respectivo município.[95]

Mas foi o Código de Defesa do Consumidor que trouxe profundas e significativas alterações para a Lei da Ação Civil Pública. O Título III (artigos 81 a 104 do CDC "da Defesa do Consumidor em Juízo"), tem aplicação assegurada em qualquer Ação Civil Pública, conforme determina o artigo 21 da mesma "aplicam-se à defesa dos direitos e interesses difusos, coletivos e individuais, no que for cabível, os dispositivos do Título III da lei que instituiu o Código de Defesa do Consumidor".[96] Acrescentou, ainda, a possibilidade de litisconsórcio entre Ministérios Públicos (Federal e Estadual) e a celebração de compromisso de ajustamento de conduta, além de inserir direitos ao texto original daquela lei processual.[97]

---

[95] DINAMARCO, Pedro da Silva. *Ibidem*, p. 39.
[96] Artigo 117 do CDC, que acrescentou à Lei da Ação Civil Pública as disposições supracitadas.
[97] DINAMARCO, Pedro da Silva. *Ibidem*, p. 40.

Ainda, outras leis e medidas provisórias trouxeram alterações na Lei da Ação Civil Pública, tais como a Lei 8.437/92 que condicionou a concessão de tutela de urgência à "audiência do representante judicial da pessoa jurídica de direito público, que deverá se pronunciar no prazo de setenta e duas horas" (declarado inconstitucional)[98], redação dada pela Medida Provisória 2.102-29/01; a Lei 8.884/94 (Lei Antitruste) determinou a inclusão do atual inciso V no artigo 1º da LACP[99]; a Lei 9.494/97 trouxe limitação territorial ao âmbito da coisa julgada ao território de competência do Juízo prolator da sentença[100] e por fim Medida Provisória 1.570/97 convertida na Lei 9.494/97, restringe a concessão de tutela antecipada contra a Fazenda Pública.

---

[98] Artigo 2º da Lei 8.437/92. O teor deste artigo foi declarado inconstitucional, por analogia ao § 2º, art. 22, da lei 12.106/2009 (Mandado de Segurança), pelo STF, que, por maioria de votos, julgou parcialmente procedente o pedido formulado na ADIN nº 4.296, para declarar a inconstitucionalidade deste parágrafo (DOU de 28/06/2021)

[99] Artigo 1º, V da Lei 7.347/85: "por infração da ordem econômica e da economia popular" Revogado pela Lei 12.529, de 2011, dando nova redação: "por infração da ordem econômica".

[100] Artigo 16: "A sentença civil fará coisa julgada *"erga omnes"*, nos limites da competência territorial do órgão prolator, exceto se o pedido for julgado improcedente por insuficiência de provas, hipótese em que qualquer legitimado poderá intentar outra ação com idêntico fundamento, valendo-se de nova prova". (assunto analisado no tópico coisa julgada – extensão territorial)

Mais recentemente, o próprio artigo 1º da ACP sofreu acréscimo, sendo incluídas as expressões "morais e patrimoniais"[101] (*caput*), "por infração da ordem econômica" (inciso V – incluído pela Lei nº 12.529, de 2011), "à ordem urbanística" (inciso VI – incluído pela Medida Provisória nº 2.180-35, de 2001), "à honra e à dignidade de grupos raciais, étnicos ou religiosos" (inciso VII – incluído pela Lei nº 12.966, de 2014) e "ao patrimônio público e social" (inciso VIII – incluído pela Lei nº 13.004, de 2014).

Da mesma forma que o artigo 1º da ACP sofreu alterações significativas, o artigo 5º, incluiu entre seus legitimados ativos a Defensoria Pública e o Distrito Federal, além de alterar as especificações quanto às associações, que, concomitantemente, estejam constituídas há pelo menos um ano, nos termos da lei civil,

---

[101] *Caput* do art. 1º da ACP: Regem-se pelas disposições desta Lei, sem prejuízo da ação popular, as ações de responsabilidade por danos morais e patrimoniais causados: (redação dada pela Lei nº 12.529, de 2011).

e que incluam, entre as suas finalidades institucionais, a proteção ao patrimônio público e social, ao meio ambiente, ao consumidor, à ordem econômica, à livre concorrência, aos direitos de grupos raciais, étnicos ou religiosos ou ao patrimônio artístico, estético, histórico, turístico e paisagístico (alterações dadas pelas Leis n°s 11.448, de 2007 e 13.004, de 2014).

2 AÇÃO CIVIL PÚBLICA

2.1 CONCEITO

Assim nos ensina Edis Milaré, sobre o que vem a ser Ação Civil Pública:

> A ação, como instituto processual, é um direito de natureza pública, posto que dirigida contra o Estado, representado pelo Poder Judiciário (embora uma vez apreciada pelo Juiz, vá ter efeitos na esfera jurídica de outra pessoa: o réu ou executado), visando o restabelecimento da ordem jurídica.[102]

---

[102] MILARÉ, Edis. **Ação Civil Pública na Nova Ordem Constitucional**. São Paulo: Saraiva, 1990, p. 4-5.

Simplificando seus ensinamentos, Milaré conceitua ainda, a Ação Civil Pública como "o direito expresso em lei de fazer atuar, na esfera civil, em defesa do interesse público, a função jurisdicional".[103]

Anteriormente à Lei 7.347/85, entendia-se por Ação Civil Pública como aquela em que fosse parte ativa o Poder Público representado pelo Ministério Público. Considerava-se apenas a questão da legitimidade e não o direito substancial discutido.

Com o advento da Lei que regula a Ação Civil Pública, passou-se a uma visão mais ampla do seu conceito, tendo em vista que outros entes foram elevados à condição de legítimos ativos para defesa do meio ambiente, tornando-se imperioso à volta do interesse material que se pretende ver protegido pelo Poder Judiciário. Não há como se furtar do fato de que "pública será toda

---

[103] *Ibidem*, p. 6.

a ação que tiver por objeto a tutela de um interesse público,

entendido como interesse dos cidadãos no plano dos interesses

sociais".[104]

Para Hugo Nigro Mazzilli, a Ação Civil Pública ou Ação

Coletiva, sob aspecto doutrinário é a "ação não-penal, proposta

pelo   Ministério   Público".[105]   Continuando   ainda,   seus

ensinamentos, diz:

> Sem melhor técnica, portanto, a LACP usou essa expressão para referir-se à ação para defesa de interesses transindividuais, proposta por diversos co-legitimados ativos, entre os quais o próprio Ministério Público. Mas acertadamente, quando dispôs sobre a defesa em juízo desses mesmos interesses transindividuais, o CDC preferiu a denominação *ação coletiva*, da qual o Ministério Público é apenas um dos co-legitimados.[106]

---

[104] MILARÉ, Edis. **Ação Civil Pública na Nova Ordem Constitucional**. São Paulo: Saraiva, 1990, p. 6.
[105] MAZZILLI, Hugo Nigro. **A Defesa dos Interesses Difusos em Juízo**. 12.ed. rev., ampl. e atual. São Paulo: Saraiva, 2000, p. 59.
[106] *Ibidem*, p. 59.

A ACP tem por finalidade a reparação por danos causados: ao meio ambiente; ao consumidor; a bens direitos de valor artístico, estético, histórico, turístico e paisagístico.[107] É a ação não penal com o fim de tutelar interesses difusos ou coletivos. É meio precioso da comunidade organizada agir na proteção de bens ambientais. Como já foi dito anteriormente, pode ser proposta pelo Ministério Público, pela Defensoria Pública, pela União, pelos Estados, pelo Distrito Federal e Municípios. Podendo ainda, ser proposta pelas Autarquias, Empresa Pública, Fundação, Sociedade de Economia Mista, ou ainda por Associação, desde que preenchidos requisitos legais, conforme determina o artigo 5º, inciso V, alíneas "a" e "b", da Lei 7.347/85.[108] O conceito de ACP impõe que seja interposta por qualquer dos colegitimados previstos no artigo 5º desde mesmo dispositivo legal.

---

[107] SÉGUIN, Elida. **O Direito Ambiental: Nossa Casa Planetária**. Rio de Janeiro: Forense, 2000, p. 254.

[108] a) esteja constituída há pelo menos 1 (um) ano, nos termos da lei civil;
b) inclua, entre suas finalidades institucionais, a proteção ao patrimônio público e social, ao meio ambiente, ao consumidor, à ordem econômica, à livre concorrência, aos direitos de grupos raciais, étnicos ou religiosos ou ao patrimônio artístico, estético, histórico, turístico e paisagístico.

Leciona Hugo Nigro Mazzilli que se a Ação for interposta pelo Ministério Público, a mesma denominar-se-á ação civil pública. Caso seja movida por qualquer dos outros colegitimados, correto seria denominá-la de ação coletiva.[109]

Sobre Ação Civil Pública entende Celso Ribeiro Bastos que:

> Fica claro ser a ação civil pública meio de proteção de alguns interesses transindividuais, como do meio ambiente, do consumidor etc. Essa tendência de fortalecer instrumentos de defesas metaindividuais ganhou corpo na Constituição. A ação civil pública consagrou-se aí como meio de defesa de interesses indisponíveis do indivíduo e da sociedade.[110]

---

[109] MAZZILLI, Hugo Nigro. *Ibidem*, p. 59-60.
[110] BASTOS, Celso Ribeiro. **Curso de Direito Constitucional**. 19.ed. atualiz. São Paulo: Saraiva, 1998, p. 253.

Também sobre Ação Civil Pública nos ensina Paulo Affonso Leme Machado:

> A ação civil pública foi elaborada pela Lei 7.347, de 24.7.1985. a ação judicial é denominada "civil" porque tramita perante o juízo civil e não criminal. Acentue-se que no Brasil não existem tribunais administrativos. A ação é também chamada "pública" porque defendem bens que compõem o patrimônio social e público, assim como os interesses difusos e coletivos, como se vê do art. 129, III, da CF/88. As finalidades da ação civil pública são: cumprimento da obrigação de fazer, cumprimento da obrigação de não fazer e/ou a condenação em dinheiro. A ação visa defender o meio ambiente, o consumidor, os bens e direitos de valor artístico, estético, histórico, turístico e paisagístico.[111]

Paulo de Bessa Antunes em seus ensinamentos sobe Direito Ambiental, assim leciona sobre Ação Civil Pública:

> A ação civil pública é um importante instrumento de tutela do meio ambiente, mas, a toda evidência, não é um instituto que

---

[111] MACHADO, Paulo Affonso Leme. **Direito Ambiental Brasileiro**. 8.ed. rev., atualiz. e ampl. São Paulo: Malheiros, 2000, p. 347.

integre o Direito Ambiental. A lei da ação
civil pública, igualmente, não criou qualquer
direito. É apenas, norma de processo, e é desta
maneira que deve ser enfocada.[112]

E por fim, nos ensina ainda, Hely Lopes Meirelles que a

ACP:

> É o instrumento processual adequado
> para reprimir ou impedir danos ao meio
> ambiente, ao consumidor, a bens e direitos de
> valor artístico, estético, histórico, turístico e
> paisagístico (art. 1º), protegendo, assim, os
> interesses difusos da sociedade. Não se presta
> a amparar direitos individuais, nem se destina
> à reparação de prejuízos causados a
> particulares pela conduta, comissiva ou
> omissiva do réu.[113]

Entende ainda, que a LACP iniciou restrita, mas

especialmente com o advento do CDC ampliou sua área de atuação,

---

[112] ANTUNES, Paulo de Bessa. **Direito Ambiental**. Rio de Janeiro: Lúmen
Júris, 2001, p. 478.
[113] MEIRELLES, Hely Lopes. **Mandado de Segurança, Ação Popular, Ação
Civil Pública, Mandado de Injunção, "Habeas Data"**. 17.ed., atual. por
Arnoldo Wald. São Paulo: Malheiros, 1996, p. 119.

permitindo a defesa dos interesses coletivos, difusos e individuais homogêneos no que diz respeito à tutela ao Meio Ambiente, consumidor, patrimônio artístico, estético, histórico, turístico e paisagístico e nos demais casos os interesses difusos e coletivos apenas.

2.2 CARACTERÍSTICAS – OBJETO

Como forma de possibilitar a efetiva proteção que se pretende alcançar com a Ação Civil Pública, é que se tem em vista, essencialmente, a obtenção de uma condenação do demandado ao cumprimento de uma obrigação de fazer ou não fazer[114], ou ainda, obrigação de dar, pagando quantia em dinheiro, revertida ao fundo, conforme determina o artigo 13 da Lei 7.347/85[115], não revertido

---

[114] Artigo 3º da Lei 7.347/85: "a ação civil poderá ter por objeto à condenação em dinheiro ou o cumprimento de obrigação de fazer ou não fazer.

[115] Artigo 13 da Lei 7.347/85: "Havendo condenação em dinheiro, a indenização pelo dano causado reverterá a um fundo gerido por um Conselho Federal ou por Conselhos Estaduais de que participarão necessariamente o Ministério Público e representantes da comunidade, sendo seus recursos destinados à reconstituição dos bens lesados".

em hipótese alguma para as vítimas, que podem reclamar indenizações sobre outro fundamento que não o interesse difuso.

Não obstante, o que se pretende na verdade é a prevenção ao meio ambiente, quer seja, imputando ao poluidor valor pecuniário a ser ressarcido ao erário público, quer seja, pela conscientização social da necessidade da preservação ambiental para as presentes e futuras gerações.

Nesse sentido, o Superior Tribunal de Justiça editou a Súmula 629 sobre a matéria: "quanto ao dano ambiental, é admitida a condenação do réu à obrigação de fazer ou à de não fazer cumulada com a de indenizar".

Ainda, com intuito das cominações pecuniárias, pode-se impor as chamadas *astreintes,* que consistem em multas impostas por violação das obrigações de fazer ou não fazer, sem prejuízo da execução específica, conforme artigo 11 da referida Lei.[116]

---

[116] Artigo 11 da Lei 7.347/85: "Na ação que tenha por objeto o cumprimento de obrigação de fazer ou não fazer, o juiz determinará o cumprimento da prestação

Por fim, o objeto do pedido pode ser mandamental, quando o juiz determina uma ordem que independe de execução específica, destinada tanto à administração quanto a entidades particulares. Esses impositivos condenatórios podem ser cumulados, se necessários a perfeita reparação do dano causado ou a recuperação do meio ambiente, restituindo-o quanto mais possível ao modo anterior ao dano.

A demanda processual, outrossim, pode apresentar um caráter apenas preventivo evitando assim que o dano se constitua ou até mesmo venha a se repetir. Esse parece ser o ponto mais significativo em questão "a prevenção". O aspecto preventivo deve ser o mais importante, pois o que adiantaria o ressarcimento levando-se em consideração que o bem objeto de indisponibilidade já estaria destruído?[117]

---

da atividade devida ou a cessação da atividade nociva, sob pena de execução específica, ou de cominação de multa diária, se esta for suficiente ou compatível, independentemente de requerimento do autor".

[117] SOUZA, Motauri Ciocchetti de. *Ibidem*, p. 26.

Muitos dos bens naturais não são renováveis e tratando-se de bens essenciais à sociedade tornam-se indisponíveis, não importando em hipótese alguma o ressarcimento, pois o que mais vale é o próprio objeto que deve ser resguardado e protegido. O ressarcimento pecuniário em nada ou pouco adiantará para restabelecer o bem da vida perdido.

Em segundo plano vem a questão reparatória do dano causado e somente após o caráter indenizatório, que é um dos últimos objetivos da lei e que servirá como castigo para o poluidor não mais reincidir.[118]

Como essa modalidade de ação coletiva não há titular individual do direito material (em princípio), atribuindo-se essa titularidade à comunidade, que é um sujeito de direito desprovido de personalidade jurídica, o dinheiro arrecadado na hipótese de

---

[118] SOUZA, Motauri Ciocchetti de. *Ibidem*, p. 26.

ação indenizatória é destinado a um fundo público (conforme supra citado) para, por exemplo, ser usado na recuperação da área danificada (caráter reparatório).

2.3 LEGISLAÇÃO

A legislação brasileira evoluiu muito com o passar dos anos, principalmente no que diz respeito aos direitos de 3ª geração, que materializam poderes de titularidade coletiva atribuídos genericamente a todas as formações sociais[119]. Desde 1981 com o advento da Lei 6.938[120] é que a legislação trata com ênfase a defesa do Meio Ambiente. Lá, já concedera ao Ministério Público a incumbência da defesa aos danos causados ao Meio Ambiente, através da ação de responsabilidade civil contra os agentes poluidores.[121]

---

[119] BARROSO, Luís Roberto. **Constituição da República Federativa do Brasil anotada**. 4.ed. São Paulo: Saraiva, 2003, p. 816.
[120] Lei da Política Nacional do Meio Ambiente
[121] Artigo 14: "sem prejuízo das penalidades pela legislação federal, estadual e municipal, o não cumprimento das medidas necessárias à preservação ou

A Ação Civil Pública, foi criada pela Lei 7.347 em 24 de julho de 1985 servindo como instrumento balizador na defesa do meio ambiente. Acabou recebendo *status* constitucional pela nossa Lei Maior, promulgada em 1988. Assim, após 37 anos de sua existência, já fora incluída em diversas leis esparsas ampliando as hipóteses na defesa dos direitos transindividuais: como na proteção das pessoas portadoras de deficiência – Lei 7.853/89; proteção dos investidores no mercado de valores mobiliários – Lei 7.913/89; proteção das crianças e dos adolescentes – ECA Lei 8.069/90; proteção dos consumidores – Lei 8.078/90; proteção das pessoas atingidas por danos à ordem econômica – Lei 8.884/94;[122]

---

correção dos inconvenientes e danos causados pela degradação da qualidade ambiental sujeitará os transgressores":
"I) à multa simples ou diária, nos valores correspondentes, no mínimo, a 10 (dez) e, no máximo, a 1.000 (mil) Obrigações Reajustáveis do Tesouro Nacional – ORTN's, agravada em casos de reincidência específica, conforme dispuser o regulamento, vedada a sua cobrança pela União se já tiver sido aplicada pelo Estado, Distrito Federal, Territórios ou pelos Municípios".
§ 1º: "Sem obstar a aplicação das penalidades previstas neste artigo, é o poluidor obrigado, independentemente de existência de culpa, a indenizar ou reparar os danos causados ao meio ambiente e a terceiros, efetuados por sua atividade. O Ministério Público da União e dos Estados terá legitimidade para propor ação de responsabilidade civil e criminal por danos causados ao meio ambiente".
[122] SOUZA, Motauri Ciocchetti de. *Ibidem*, p. 16.

Como já anteriormente mencionado, o CDC teve papel de extrema importância, dentre as mudanças ocorridas por leis esparsas, pois, devolveu à Lei, o campo de abrangência integral que o Congresso Nacional tinha lhe destinado e que outrora fora objeto de veto pelo então Presidente da República.[123] Admitiu-se, ainda, o litisconsórcio entre Ministérios Públicos, Federal e Estadual, efetuando acréscimos e correções ao texto original da Lei.

Com suas modificações posteriores, alargando a abrangência do permissivo legal e sua consolidação pela Constituição Federal de 1988, cada vez mais esta se tornou instrumento eficaz na defesa dos interesses transindividuais. O Ministério Público (que trataremos em capítulo especial) tornou-se, entre outros, um dos agentes mais qualificados para a

---

[123] Na versão original, a LACP, somente permitia a defesa do meio ambiente, do consumidor, e do patrimônio cultural que abrangia os interesses artísticos, históricos, estéticos, turísticos e paisagísticos. A norma que permitia a defesa de outros interesses difusos (transindividuais) fora vetada pelo Presidente da República da época José Sarney.

propositura de tal demanda, consolidando o exercício de defesa do meio ambiente e de outros interesses difusos e coletivos, conforme artigo 129, inciso III, da CF/88.[124]

Conforme Pedro da Silva Dinamarco, a ACP "não se destina à criação de regras de comportamento para as pessoas na vida em sociedade".[125] Contém apenas regras procedimentais a serem seguidas pelo juiz e pelas partes, sempre que surgir um conflito de interesses envolvendo direitos metaindividuais que tenham sido especificados.

2.4 PROCESSO E PROCEDIMENTO

Processo e procedimento são conceitos diversos. Processo é o método, isto é, o sistema de compor a lide em juízo através de

---

[124]Artigo 129, III, CF/88:
São funções institucionais do Ministério Público:
III) promover o inquérito civil e a ação civil pública, para a proteção do patrimônio público e social, do meio ambiente, e de outros interesses difusos e coletivos.
[125] DINAMARCO, Pedro da Silva. *Ibidem*, p. 47.

uma relação jurídica vinculativa de direito público. Entre o pedido da parte e o provimento jurisdicional se impõe à prática de uma série de atos que formam o procedimento judicial (isto é, a forma de agir em Juízo), e cujo conteúdo sistemático é o processo.[126]

Trata-se A Ação Civil Pública de norma de direito processual, que visa tratar sobre o foro, rito processual, legitimidade, sentença, coisa julgada, execução, aplicação subsidiária do CPC, mas depende, logicamente, das normas de direito material para que possa ter vida.[127] Pela sua natureza processual, a Ação Civil Pública só pode ser usada quando prevista legalmente, não cabendo estender sua atuação fora dos limites fixados pelo legislador. A ação e a condenação devem basear-se

---

[126] THEODORO JÚNIOR, Humberto. **Curso de Direito Processual Civil**. 18.ed. Rio de Janeiro: Forense, 1996, v.1, p. 42-43.

[127] Normas de direito material, são aquelas que disciplinam em abstrato o comportamento das pessoas e os conflitos de interesses que possam surgir na vida em sociedade. Constituem critério de julgar, disciplinando o poder jurisdicional de resolver os conflitos. Entretanto as normas processuais contribuem de forma indireta para a resolução das controvérsias, estipulando modos e meios para a solução dos conflitos concretos que tenham surgido na sociedade, pertinentes a determinada situação litigiosa. Não tem função autônoma, mas são sempre destinadas a propiciar o efetivo respeito às normas materiais.

em disposição de alguma norma substantiva, de direito material, que tipifique a infração a ser reconhecida.

De outra banda, o procedimento é a forma material com que o processo se realiza em cada caso concreto. O modo próprio de desenvolver-se o processo, conforme as exigências de cada caso é exatamente o procedimento do feito, isto é, o seu rito. O procedimento é que dá exterioridade ao processo e a relação processual, revelando-lhe o *modus faciendi* com que se vai atingir o escopo da tutela jurisdicional.[128]

No CPC de 1973, o processo dessa ação poderia ser tanto de rito ordinário, quanto sumário, nesse caso respeitado o artigo 275 daquele Código.[129] Todavia, com a promulgação do Novo Código de Processo Civil em 2015 e a não recepção do rito sumário, o processo da Ação Civil Pública se dará no rito ordinário

---

[128] THEODORO JÚNIOR, Humberto. *Ibidem*, p. 43.
[129] O artigo 275 até o 281 do Código de Processo Civil/1973 – CPC, tratam do procedimento sumário. Esse procedimento teve algumas alterações dadas pela Lei 10.444/02.

ou procedimento comum, conforme nomenclatura adotada pelo CPC/2015, nos termos do artigo 318[130] e seguintes.

Além disso, nos termos do artigo 4º da ACP[131], poderá ser ajuizada ação cautelar (regulada pela Lei 8.347/1992) podendo, portanto, admitir que se formule pedido cautelar previamente à propositura da Ação Civil Pública ou podem ser formuladas medidas cautelares durante a ACP. Ainda, as tutelas provisórias também podem ser concedidas, admitindo-se a liminar suspensiva da atividade do réu[132], desde que preenchidos os requisitos formais das tutelas emergenciais, *fumus boni iuris* e o *periculum in mora.*[133], tendo em vista a aplicação subsidiária do CPC.

---

[130] O artigo 318 do CPC/2015 "aplica-se a todas as causas o procedimento comum, salvo disposição em contrário deste Código ou de lei".

[131] "poderá ser ajuizada ação cautelar para os fins desta Lei, objetivando, inclusive, evitar danos ao patrimônio público e social, ao meio ambiente, ao consumidor, à honra e à dignidade de grupos raciais, étnicos ou religiosos, à ordem urbanística ou aos bens e direitos de valor artístico, estético, histórico, turístico e paisagístico".

[132] MILARÉ, Edis (coord). **Ação Civil Pública: Lei 7.347/85 – 15 anos. 2ª ed.** rev. e atual. São Paulo: Revista dos Tribunais, 2002, p. 215.

[133] MEIRELLES, Hely Lopes. **Mandado de Segurança, Ação Popular, Ação Civil Pública, Mandado de Injunção, "Habeas Data"**. *Op.cit.*, p. 127.

Com a possibilidade do caráter liminar[134], através das medidas de urgência (cautelares ou antecipadas – antecedentes ou incidentais – nomenclatura atualizada) objetivando evitar o dano[135], o legislador quando da criação da lei, colocou em destaque a relevância do tema que seria defendido pelo novo instrumento concebido, não teve dúvidas, então, em dar-lhe natureza satisfativa, com o escopo de evitar danos.

É imperioso dizer, que no CPC de 1973 se permitia também a cautelar de caráter satisfativo (preventiva ou definitiva). Por certo que as ações cautelares ditas satisfativas não eram verdadeiras, porque não exigiam uma ação principal futura, logicamente se atendida a cautela pretendida. Mas, não raras vezes envolviam no pedido de liminar a verdadeira obrigação de fazer ou não fazer, exaurindo-se com seu atendimento. Todavia, como já dito, com o advento do CPC de 2015, as tutelas provisórias (termo genérico)

---

[134] Artigo 12, LACP: "Poderá o juiz conceder mandado liminar, com ou sem justificação prévia, em decisão sujeita a agravo"
[135] Artigo 4º, LACP.

da qual são espécies a tutela de urgência e a tutela de evidência foram simplificadas, não se admitindo mais ações cautelares na forma de processos autônomos (CPC/73).

Cabe ainda salientar, que a modalidade de medida antecipatória, qual seja, a tutela de urgência antecipada[136], não se confunde com a tutela cautelar, pois tem objetivo de conceder, de forma antecipada, o próprio provimento jurisdicional pleiteado ou seus efeitos. A tutela antecipada constitui adiantamento efetivo e satisfativo da decisão final. Não é apenas provimento meramente instrumental que visa dar eficácia a futura decisão final.[137]

Há que se ressaltar ainda, que para a concessão de tutela antecipada o Magistrado analisará os pressupostos exigidos pela

---

[136] Artigo 303, CPC/2015: "Nos casos em que a urgência for contemporânea à propositura da ação, a petição inicial pode limitar-se ao requerimento da tutela antecipada e à indicação do pedido de tutela final, com a exposição da lide, do direito que se busca realizar e do perigo de dano ou do risco de resultado útil do processo".

[137] FERRAZ, Sérgio. **Ação Civil Pública: Lei 7.347/1985 – 15 anos.** Milaré, Edis (coord.). 2ª ed. rev. e atual., São Paulo: Editora Revista dos Tribunais, 2002, p. 836.

mesma, que são: probabilidade do direito e o perigo de dano ou o risco ao resultado útil do processo[138], ou seja, *fumus boni iuris* e *periculum in mora*, consubstanciado no risco de sofrer perigo de prejuízo irreparável ou de difícil reparação.

As Ações Civis Públicas, não só para a defesa dos interesses transindividuais do Meio Ambiente, como para os demais (artigo 1º, IV, da LACP), cabem como ações principais (condenatórias, reparatórias ou indenizatórias), como cautelares (assecuratória/preventiva), tutelas provisórias, de liquidação de sentença e execução e quaisquer outras de preceito cominatório, declaratório e constitutivas, por força do disposto no artigo 83 do Código de Defesa do Consumidor.[139]

---

[138] Artigo 300, CPC/2015.
[139] Lei 8.078/90, artigo 83: "Para a defesa dos direitos e interesses protegidos por este código são admissíveis todas as espécies de ações capazes de propiciar sua adequada e efetiva tutela".

2.5 FORO COMPETENTE

Quanto à fixação do foro, as ações serão propostas no foro da Comarca do local onde ocorreu o dano, determinando assim, a competência funcional do juízo para processar e julgar a demanda.[140] Essa competência é de natureza absoluta. Entretanto, caso seja proferida decisão por juízo incompetente, tendo em vista as alterações contidas no CPC/2015, nos termos do § 4°, artigo 64, salvo decisão judicial em contrário, conservar-se-ão os efeitos da decisão proferida até que outra seja proferida, se for o caso, pelo juízo competente e a sentença está sujeita a rescisão por meio de ação rescisória (CPC/2015, artigo 966, II).[141]

Como forma de evitar danos ao Meio Ambiente, as ações intentadas com o propósito de prevenção, também correrão no foro

---

[140] Artigo 2° da LACP: "As ações previstas nesta Lei serão propostas no foro do local onde ocorrer o dano, cujo juízo terá competência funcional para processar e julgar a causa".

[141] "A decisão de mérito, transitada em julgado, pode ser rescindida quando": "II – for proferida por juiz impedido ou absolutamente incompetente";

onde poderá acontecer o dano ambiental, conforme prevê o artigo

4º da Lei 7.347/85, "poderá ser ajuizada ação cautelar para os fins

desta Lei, objetivando, inclusive, evitar danos ao patrimônio

público e social, ao meio ambiente, ao consumidor, à honra e à

dignidade de grupos raciais, étnicos ou religiosos, à ordem

urbanística ou aos bens e direitos de valor artístico, estético,

histórico, turístico e paisagístico".

Justifica-se essa competência, pela facilidade de obtenção

dos meios de prova que poderão ser produzidos, tais como prova

testemunhal, realização de perícias que forem necessárias à

comprovação do dano.[142] Entretanto, na questão da competência

existe uma particularidade em relação à União, suas autarquias e

empresas públicas, pois se forem interessadas na condição de

autores, rés, assistentes ou oponentes, a causa correrá perante os

juizados federais, e o foro será o do Distrito Federal ou o da Capital

do Estado, como determina a Constituição Federal (artigo 109, I).

---

[142] MEIRELLES, Hely Lopes. **Mandado de Segurança, Ação Popular, Ação Civil Pública, Mandado de Injunção, "Habeas Data"**. *Op.cit.*, p. 127.

Sendo o Estado, suas autarquias ou entidades paraestatais interessadas na causa, mesmo que a lei estadual lhe dê vara ou juízo privativo na Capital, ainda assim prevalece o foro do local do dano, pois a legislação estadual de organização judiciária não se sobrepõe à norma processual federal que indicou o foro para a Ação Civil Pública.[143]

2.6 A LEGITIMIDADE PROCESSUAL NA AÇÃO CIVIL PÚBLICA

2.6.1 LEGITIMIDADE ORDINÁRIA E EXTRAORDINÁRIA

A clássica maneira de defender os interesses em juízo dá-se pelo meio da chamada legitimação ordinária, ou seja, é o próprio lesado que defende seu interesse. Se o Estado for o lesado, seus agentes provocarão a jurisdição; se o indivíduo é lesado, ele próprio buscará a defesa dos seus interesses em juízo. Assim, sob

---

[143] MEIRELLES, Hely Lopes. **Ação Civil Pública.** São Paulo: Revista dos Tribunais n. 740, junho 1997, p. 749.

o sistema da legitimação ordinária, que constituiu a regra, a faculdade de acionar a jurisdição diz respeito a quem afirmar ser o titular do direito cuja defesa se pretende em juízo.[144] Excetuadas as hipóteses em que a iniciativa de agir caiba ao Estado, no mais, o ordenamento vigente privilegia o individualismo para identificar os sujeitos legitimados que podem pedir a atuação dos órgãos jurisdicionais em busca da restauração da ordem jurídica violada.

Quanto à legitimação extraordinária, é a possibilidade de alguém, em nome próprio defender interesse alheio.[145] Chama-se extraordinária por ser excepcional e depender de expressa autorização legal. Quando ocorre, configura-se verdadeira substituição processual.[146]

A Ação Civil Pública presta-se basicamente à defesa dos interesses difusos, coletivos e individuais homogêneos. Por meio

---

[144] MAZZILLI, Hugo Nigro. **A Defesa dos Interesses Difusos em Juízo**. 12.ed. ampl. e atualiz. São Paulo: Saraiva, 2000, p. 51.
[145] Código de Processo Civil/2015, artigo 18.
[146] MAZZILLI, Hugo Nigro. *Ibidem*, p. 52.

dessas ações, alguns legitimados substituem processualmente a coletividade de lesados.[147] Nesse ínterim, o direito de agir é exercido por quem não é o titular do direito material. O substituto processual é dono da ação, mas não do direito material que está em jogo, motivo pelo qual há de ser feita a distinção entre o interesse do substituído e do substituto, que coexistam na ação. É importante dizer que o substituto, embora *dominus* da ação, não poderá praticar qualquer ato de disposição, posto que o titular do direito material é o substituído. Não pode, pois, confessar, renunciar, transigir etc.[148] O direito de dispor pertence ao titular do direito material (substituído).

2.6.2 LEGITIMIDADE ATIVA

Segundo o disposto no art. 5º da Lei 7.347/85, estão legitimados para a Ação Civil Pública o Ministério Público, a Defensoria Pública, a União, os Estados, o Distrito Federal, os

---

[147] *Ibidem*, p. 52.
[148] DINAMARCO, Pedro da Silva. *Ibidem*, p. 206.

Municípios, as autarquias, as empresas públicas, as fundações, as sociedades de economia mista e as associações.

Essa legitimação é concorrente, autônoma e disjuntiva[149], no sentido de que todos estão autorizados para a promoção da demanda e cada um pode agir isoladamente, sozinho, sem que seja necessária a anuência ou autorização dos demais. É o que decorre também do preceito esculpido no art. 129, § 1º, da Constituição Federal, segundo o qual, "a legitimação do Ministério Público para as ações civis previstas neste artigo não impede a de terceiros, nas mesmas hipóteses, segundo o disposto nesta Constituição e na lei". Ao contrário do que ocorre na área penal, no campo civil a Constituição veda que o Ministério Público detenha legitimação privativa ou exclusiva para propor qualquer ação.[150]

---

[149] MAZZILLI, Hugo Nigro. *Ibidem*, p. 200.
[150] CF/88, artigo 129, § 1º.

2.6.2.1 MINISTÉRIO PÚBLICO

2.6.2.1.1 BREVE HISTÓRICO

No contexto histórico, o Ministério Público brasileiro encontra suas raízes no Direito Lusitano vigente no período Colonial, Imperial e início da República.[151] As ordenações Manuelinas de 1521 já mencionavam o Promotor de Justiça e suas obrigações perante a Casa da Suplicação e nos juízos das terras. Mencionavam que "o promotor deve ser alguém letrado e bem entendido para saber espertar e alegar as causas e razões, que para lume e clareza da justiça e para inteira conservação dela convém".[152] Em 1790, além das funções de cunho criminal, os membros do *Parquet* passaram a ter também funções de cunho

---

[151] MACEDO JÚNIOR, Ronaldo Porto. In **Ministério Público: Instituição e Processo**. FERRAZ, Antonio Augusto Mello de Camargo (coord.). 2.ed. São Paulo: Atlas, 1999, p. 39.
[152] MACEDO JÚNIOR, Ronaldo Porto. *Ibidem,* p. 39.

civil, ao intervirem nas questões relativas a casamentos e garantia da independência do judiciário.[153]

No Brasil-Império, a Carta de 1824, outorgada por D. Pedro I, destacou-se no que tange aos direitos individuais, pela abolição das penas infamantes, como a que vitimou Tiradentes, por exemplo, bem como as penas corporais efetivas, e, adotando o Código de Processo Criminal (1832) um sistema híbrido de cunho acusatório e inquisitivo, paralelamente estabeleceu as bases para o processo civil, consubstanciado no Regulamento nº 120, por Decreto Regulamentador datado de 31.1.1824, e que acabou por estruturar o Ministério Público.[154] Desse período em diante pouco mudou com relação ao Ministério Público. Na República o Decreto 763 de 1890, estendeu às causas civis o Regulamento 737 de

---

[153] FILOMENO, José Geraldo Brito. In **Ministério Público: Instituição e Processo**. FERRAZ, Antonio Augusto Mello de Camargo (coord.). 2.ed. São Paulo: Atlas, 1999, p. 132.
[154] FILOMENO, José Geraldo Brito. *Ibidem*, p. 132-133.

1850[155], e a Constituição de 1891 pouco reservaram ao Ministério Público.

Com o advento da Constituição de 1934 o Ministério Público foi reabilitado, lhe foi conferido estabilidade e previsão de uma carreira específica. A Constituição de 1937 fazia alusão exclusivamente ao Procurador-Geral da República como chefe do Ministério Público Federal e instituía o Quinto Constitucional, mecanismo pelo qual um quinto dos membros dos Tribunais deveria ser composto por profissionais oriundos do Ministério Público e advocacia, alternadamente.[156] A de 1946 fez distinção expressa entre o Ministério Público Federal e os dos Estados membros da Federação, tratando-os em título especial e sem vinculação a nenhum dos outros poderes da República, garantindo-lhes estabilidade na função. Pela Carta Política de 1967 o

---

[155] O Regulamento nº 737 de 25/11/1850 foi a base primordial para todo o processo civil daí decorrente, embora inicialmente apenas servisse para os feitos de cunho comercial, bem como a Lei 2.033 de 28/11/1876, reuniram todas as normas processuais então concebidas. FILOMENO, José Geraldo Brito. *Op.cit.*, p. 133.
[156] MACEDO JÚNIOR, Ronaldo Porto. *Ibidem*, p. 43.

Ministério Público ficou subordinado ao Judiciário, criando regulamentação séria do concurso de provas e títulos. Integrando o Poder Judiciário, deu importante passo na conquista de sua autonomia e independência alcançada pela Constituição de 1988.[157]

As leis ordinárias trouxeram relevantes atribuições ao Ministério Público no século passado. O Código Civil de 1916 concedeu atribuições até hoje vigentes. O Código de Processo Civil de 1939, bem como o de 1973, estabeleceram a obrigatoriedade da intervenção do Ministério Público em diversas situações, especialmente na condição de *custos legis*. O Código de Processo Penal de 1941 consolidou o Ministério Público como titular da Ação Penal e deu-lhe poder de requisição de instauração de inquérito policial e outras diligências no procedimento inquisitorial.[158]

---

[157] MACEDO JÚNIOR, Ronaldo Porto. *Ibidem*, p. 43.
[158] *Ibidem*, p. 42-43.

Em 14 de dezembro de 1981 foi promulgada a Lei Complementar nº 40, que traçou novo perfil ao Ministério Público, definindo-o como "instituição permanente e essencial à função jurisdicional do Estado, e responsável, perante o Judiciário, pela defesa da ordem jurídica e dos interesses indisponíveis da sociedade, pela fiel observância da Constituição e das Leis". Esta definição veio posteriormente a ser consagrada pela Carta Política de 1988 praticamente nos mesmos moldes.[159]

Em seguida a Lei 6.938/81 que trata da Política Nacional do Meio Ambiente, previu a ação de indenização ou reparação de danos causados ao Meio Ambiente, legitimando o Ministério Público a proposição de ação de responsabilidade civil e criminal. A seguir a Lei 7.347/85, Lei da Ação Civil Pública, conferiu legitimidade ao Ministério Público para a propositura de Ações Civis Públicas em defesa dos interesses difusos e coletivos, como aqueles relacionados à defesa do Meio Ambiente, patrimônio

---

[159] *Ibidem*, p. 44.

histórico e paisagístico, consumidor, direitos constitucionais do cidadão.[160]

Entretanto, com a promulgação da Carta Magna de 1988 é que o Ministério Público recebeu especial destaque e atribuições bastante amplas. A nova Carta Política traçou novo perfil para o Ministério Público[161] ao dispor: "O Ministério Público é instituição permanente, essencial à função jurisdicional do Estado, incumbindo-lhe a defesa da ordem jurídica, do regime democrático e dos interesses sociais e individuais indisponíveis".[162]

Hoje a Lei 8.625 de 12 de fevereiro de 1993 é que institui a Lei Orgânica do Ministério Público e dispõe sobre todo o perfil da instituição, desde sua autonomia funcional, administrativa e financeira até a carreira dos seus membros.

---

[160] MACEDO JÚNIOR, Ronaldo Porto. *Ibidem,* p. 44.
[161] GUIMARÃES JÚNIOR, João Lopes. In **Ministério Público: Instituição e Processo**. FERRAZ, Antonio Augusto Mello de Camargo (coord.). 2.ed. São Paulo: Atlas, 1999, p. 143.
[162] CF/88, artigo 127, *caput*.

Inegavelmente, o Ministério Público brasileiro tem hoje outra magnitude. A modificação, que se iniciou com a legitimação para a propositura da Ação Civil Pública em defesa dos interesses difusos e coletivos, consagrou-se com o advento da Constituição Federal de 1988. A evolução institucional trouxe ao Ministério Público responsabilidade pela defesa dos interesses sociais até em face do próprio Estado, pois dentro dos sistema de freios e contrapesos concebido pelo constituinte, o *Parquet* recebeu a importante missão de coibir os eventuais excessos e desvios cometidos pelos poderes Legislativo e Executivo.[163]

2.6.2.1.2 LEGITIMIDADE ATIVA DO MINISTÉRIO PÚBLICO

Entre os legitimados ativos, o Ministério Público sem dúvida é o mais importante e que concentra o maior número de incursões judiciais. A Constituição Federal de 1988 trata o

---

[163] GUIMARÃES JÚNIOR, João Lopes. *Ibidem,* p. 143.

Ministério Público dentro do Título IV, reservado à organização dos Poderes do Estado, especificamente no capítulo sobre as funções essenciais à Justiça (arts. 127 a 130). Com a Magna Carta, o Promotor de Justiça passou a dispor de poderes amplos, sem precedentes na história.[164]

Segundo seu art. 127, o Ministério Público é a "instituição permanente, essencial à função jurisdicional do Estado, incumbindo-lhe a defesa da ordem jurídica, do regime democrático e dos interesses sociais e individuais indisponíveis". A legitimação do Ministério Púbico para a defesa do Meio Ambiente[165] caracteriza-se como autônoma, tendo em vista que a lei não permite que o substituído, individualmente, ajuíze a demanda. Dentre os colegitimados, teve reservada, pela Lei 7.347/85, a posição de destaque na condução da Ação Civil Pública, pois é ainda, o único

---

[164] DINAMARCO, Pedro da Silva. *Ibidem,* p. 207.
[165] Artigo 129, III, CF/88: "São funções institucionais do Ministério Público: (...) III – promover o inquérito civil e a ação civil pública, para a proteção do patrimônio público e social, do meio ambiente e de outros interesses difusos e coletivos".

autorizado a promover o inquérito civil[166], estando sempre presente, quer como sujeito ativo da ação, quer como fiscal da lei, ou ainda como assistente litisconsorcial, com ampla autonomia em relação à parte principal.[167]

Como advogado da sociedade, é o órgão destinado por lei para receber representações de outras pessoas, de outras entidades não legitimadas, e, em especial, também de pessoas físicas, conforme dispõe do art. 6º, da Lei 7.347/85[168]. Pode, ainda, receber peças de Juízes ou Tribunais, que no exercício de suas funções, entenderem reveladores de fatos que possam ensejar a propositura de Ação Civil Pública.[169]

---

[166] CF/88, art. 129, III, c/c o art. 8º, § 1º, da Lei 7.347/85: "O Ministério Público poderá instaurar, sob sua presidência, inquérito civil, ou requisitar, de qualquer organismo público ou particular, certidões, informações, exames ou perícias, no prazo que assinalar, o qual não poderá ser inferior a dez dias úteis".

[167] MILARÉ, Edis (coord). **Ação Civil Pública: Lei 7.347/85 – 15 anos**. *Op.cit.*, p. 214.

[168] "Qualquer pessoa poderá e o servidor público deverá provocar a iniciativa do Ministério Público, ministrando-lhe informações sobre fatos que constituam objeto da ação civil e indicando-lhe os elementos de convicção".

[169] Artigo 7º, Lei 7.347/85.

O Ministério Público, ao contrário do que pensam alguns poucos doutrinadores, não está obrigado ao ajuizamento da ACP, somente o fará quando identificar a hipótese de atuação[170], pois não está vinculado ao interesse nem aos objetivos de ninguém, podendo recusar e arquivar, as representações que lhes foram encaminhadas, certo que ao *Parquet* há certa margem de discricionariedade. Porém, esse arquivamento estará sempre sujeito à revisão de um órgão colegiado do Ministério Público, ou seja, seu Conselho Superior.[171] Acredita essa minoria de doutrinadores, que a não interposição de demanda poderia ocasionar suposto crime de prevaricação.[172] Essa posição mais radical é que muitas vezes leva

---

[170] SMANIO, Gianpaolo Poggio. **Interesses Difusos e Coletivos**. 2.ed. São Paulo: Atlas, 1999, p. 98.

[171] MAZZILLI, Hugo Nigro. *Ibidem*, p. 72.

[172] CP, artigo 319. Cabe ressaltar, que foi deferida parcialmente a Medida Cautelar na ADPF 881 para determinar "a suspensão da eficácia do art. 319 do Código Penal, especificamente na acepção que possibilita o enquadramento da liberdade de convencimento motivado dos membros do Ministério Público e do Poder Judiciário como satisfação de 'interesse ou sentimento pessoal' ou como incidente no tipo objetivo, na modalidade 'contra disposição expressa de lei', para fins de tipificação como crime de prevaricação da conduta daqueles agentes que, no exercício lícito e regular da atividade-fim dessas instituições, e com amparo em interpretação da lei e do direito, defendam ponto de vista em discordância com outros membros ou atores sociais e políticos" (Min. Dias Toffoli, julgado em 22/02/2022). Disponível em magistrados-mp-nao-respondem.pdf (conjur.com.br) – acesso em 03/03/2023

à propositura de inúmeras demandas absolutamente impertinentes, no temor de serem responsabilizados pessoalmente.[173]

Certo dizer que o Ministério Público não é obrigado a ajuizar demanda coletiva, pois tem liberdade para vislumbrar a existência de interesse público a legitimar sua atuação. Entretanto, outro posicionamento radical, no sentido da obrigatoriedade de atuação do *Parquet*, decorre de que estaria implícito na lei tal prioridade do Ministério Público para a propositura da Ação Civil Pública ou de que a mesma, seria por excelência, ação do Ministério Público.[174]

Assim nos ensina Hely Lopes Meirelles sobre o assunto:

> Mas esses poderes atribuídos ao Ministério Público para a propositura da ação civil pública não justificam o ajuizamento de lide temerária ou sem base legal, nem autorizam a concessão de liminar suspensiva

---

[173] DINAMARCO, Pedro da Silva. *Ibidem*, p. 210.
[174] MILARÉ, Edis. **A Ação Civil Pública na Nova Ordem Constitucional**. São Paulo: Saraiva, 1990, p. 10.

de obras e serviços públicos ou particulares, regularmente aprovados pelos técnicos e administrativos competentes, sob a simples alegação de danos ao meio ambiente. A petição inicial há de vir embasada em disposição de lei que tipifique a ocorrência ou o fato como lesivo ao bem a ser protegido, apresentando ou indicando as provas existentes ou a serem produzidas no processo, não bastando o juízo subjetivo do Ministério Público para a procedência da ação.

Se o Ministério Público se convencer da inexistência de fundamento para a propositura da ação, promoverá o arquivamento dos autos do inquérito civil ou das peças informativas, fazendo-o motivadamente e remetendo sua manifestação ao Conselho Superior da Instituição, para deliberação final e as providências subseqüentes (art. 9º, §§ 1º a 4º, da Lei 7.347/85).[175]

Da mesma forma Hugo Nigro Mazzilli:

O dever de agir não obriga à cega propositura da ação pelo Ministério Público. Sem quebra alguma do princípio da obrigatoriedade, "se o órgão do Ministério Público, esgotadas todas as diligências, se convencer da inexistência de fundamento para a propositura da ação civil, promoverá o

---

[175] MEIRELLES, Hely Lopes. **Mandado de Segurança, Ação Popular, Ação Civil Pública, Mandado de Injunção, "Habeas Data"**. 17.ed., atualizada por Arnoldo Wald. São Paulo: Malheiros, 1995, p. 126.

arquivamento dos autos do inquérito civil ou
das peças informativas, fazendo-o
fundamentadamente".[176]

Outra determinação atribuída ao Ministério Público, é a
obrigatoriedade da assumpção da ação, caso haja desistência da
mesma, conforme dispõe expressamente o art. 5º, § 3º da Lei
7.347/85: "Em caso de desistência infundada ou abandono da ação
por associação legitimada, o Ministério Público ou outro
legitimado assumirá a titularidade ativa". Impõe-se ao Ministério
Público o chamado dever de agir, regido pelo princípio da
obrigatoriedade da lei em questão, ainda mais, reforçado pelas
disposições expressas no § 1º do artigo 5º[177], quer seja como autor,
quer seja como fiscal da lei, bem como pelo § 3º substituindo
aquele que desistir da demanda.

---

[176] MAZZILLI, Hugo Nigro. *Ibidem*, p. 74.
[177] § 1º - O Ministério Público, se não intervier no processo como parte, atuará obrigatoriamente como fiscal da lei.

De outra banda, cumpre salientar, que é vedado ao Órgão Ministerial desistir do feito, uma vez que seu objeto é indisponível, nada impedindo que o mesmo, diante das provas produzidas, opine pela improcedência da demanda.

Sem embargo, depois de encerrada a fase de conhecimento e decorridos sessenta dias do trânsito em julgado da sentença condenatória, sem que a autora tenha intentado pedido de execução, deverá o Ministério Público fazê-lo, facultada igual iniciativa aos demais legitimados.[178]

2.6.2.2 DA DEFENSORIA PÚBLICA

Nos termos do artigo 134 da Constituição Federal de 1988, "a Defensoria Pública é instituição permanente, essencial à função jurisdicional do Estado, incumbindo-lhe, como expressão e instrumento do regime democrático, fundamentalmente, a

---

[178] Artigo 15, da Lei 7.347/85.

orientação jurídica, a promoção dos direitos humanos e a defesa, em todos os graus, judicial e extrajudicial, dos direitos individuais e coletivos, de forma integral e gratuita, aos necessitados, na forma do inciso LXXIV do art. 5º desta Constituição Federal".

A Lei Complementar nº 80, de 12 de janeiro de 1994, organiza a Defensoria Pública da União, do Distrito Federal e dos Territórios e prescreve normas gerais para sua organização nos Estados. Estabelece entre suas funções institucionais a "defesa dos direitos e interesses individuais, difusos, coletivos e individuais homogêneos e dos direitos do consumidor, na forma do inciso LXXIV do art. 5º da Constituição Federal".

A Defensoria Pública foi inserida como uma das legitimadas ativas para propositura da Ação Civil Pública em 2007, redação dada pela Lei nº 11.448. É instituição essencial para proporcionar aos necessitados acesso à justiça. A Emenda Constitucional nº 80/2014 deu envergadura constitucional à

Defensoria Pública, acrescentando, inclusive, o artigo 98 ao ADCT, concedendo o prazo de oito anos para que União, Estados e Distrito Federal contassem com Defensores Públicos em todas as unidades jurisdicionais.

A Defensoria Pública é instituição de suma importância na democratização do acesso à justiça, essencial como instrumento no Estado Democrático de Direito. Conforme recentemente apresentado, em pesquisa nacional, a Defensoria Pública foi responsável pelo atendimento de mais de 16 milhões de pessoas e pela geração de mais de 2 milhões de processos judiciais (2021). Entre as ações coletivas ajuizadas foram 4.803 ações somente no ano de 2021.[179]

Não obstante, em que pese o número elevado de demandas judiciais, prática reconhecidamente típica do direito brasileiro, que tem predisposição para resolver seus conflitos principalmente pela

---

[179] Análise Nacional – Pesquisa Nacional da Defensoria Pública (pesquisanacionaldefensoria.com.br). Acesso em 06/03/2023.

via judicial, a Defensoria Pública, por meio da educação e orientação jurídica da população, que tem como principal objetivo a conscientização dos indivíduos com relação aos seus direitos, conseguiu avançar e alcançar, em 18 defensorias, setor específico voltado à orientação e à informação da população.

A Defensoria Pública consolidou-se como uma das principais defensoras dos direitos transindividuais e desde 2015, teve reconhecida a constitucionalidade da sua atuação para propor a Ação Civil Pública, conforme julgamento no STF na ADI 3943.[180]

---

[180] É constitucional a Lei nº 11.448/2007, que alterou a Lei n° 7.347/85, prevendo a Defensoria Pública como um dos legitimados para propor ação civil pública. Vale ressaltar que, segundo o STF, a Defensoria Pública pode propor ação civil pública na defesa de direitos difusos, coletivos e individuais homogêneos. STF. Plenário. ADI 3943/DF, Rel. Min. Cármen Lúcia, julgado em 6 e 7/5/2015 (Info 784). CAVALCANTE, Márcio André Lopes. Disponível em Dizer o Direito: STF decide que Defensoria Pública pode propor ACP na defesa de direitos difusos, coletivos e individuais homogêneos – Acesso em 06/03/2023.

2.6.2.3 DAS ASSOCIAÇÕES E SINDICATOS

A Lei 7.347/85 concede legitimidade ativa às associações que estejam constituídas há pelo menos um ano e que no seu estatuto conste à defesa dos interesses ambientais. Também estão legitimados os Sindicatos, por possuírem natureza jurídica de associação civil.[181] Conforme Édis Milaré sobre a alínea "a", inciso V, do artigo 5º da Lei 7.347/85: "o requisito de pré-constituição, se destina a assegurar um mínimo de seriedade na condução das demandas"[182], para que se evite a criação de uma associação *ad hoc,* com a finalidade exclusiva de mover determinado pleito, o que poderia em tese, dar margem a certas manobras menos recomendáveis do ponto de vista ético.[183] Não obstante, o § 4º, do artigo 5º (acrescentado pelo CDC) excepcionou o requisito, facultando ao juiz dispensá-lo "quando haja manifesto interesse

---

[181] CF/88, artigo 8º, III.
[182] MILARÉ, Edis (coord). **Ação Civil Pública: Lei 7.347/85 – 15 anos**. *Op.cit.,* p. 215.
[183] José Carlos Barbosa Moreira *Apud* MILARÉ, Edis (coord). **Ação Civil Pública: Lei 7.347/85 – 15 anos**. *Op.cit.,* p. 215.

social evidenciado pela dimensão ou característica do dano, ou pela relevância do bem jurídico a ser protegido".[184]

Pedro da Silva Dinamarco assim entende sobre esse interesse social:

> Esse interesse social não diz respeito à demanda em si, pois ele sempre estará presente, em tese, da demanda coletiva. Se o interesse estivesse na demanda em si, essa exigência legal tornar-se-ia inócua, portando, violando regra básica de hermenêutica segundo a qual a lei não pode ser interpretada de forma a tornar inúteis certas palavras. O interesse social a que a lei se refere é, portanto, *na dispensa do prazo de um ano*. Assim, apenas na hipótese de a espera pelo decurso do prazo anuo poder trazer algum dano irreversível ao bem tutelado na demanda coletiva é que o juiz poderá dispensá-lo.[185]

---

[184] Lei 7.347/85, artigo 5º, § 4º.
[185] DINAMARCO, Pedro da Silva. *Ibidem*, p. 243

De outra banda, a jurisprudência também vem se manifestando no sentido da dispensa do requisito de pré-constituição. Assim cabe trazer à colação o seguinte julgado:

> RECURSO ESPECIAL. PROCESSUAL CIVIL E DIREITO DO CONSUMIDOR. CONTRATO DE CADERNETA DE POUPANÇA. DEFESA DOS INTERESSES OU DIREITOS INDIVIDUAIS HOMOGÊNEOS. DISPENSA DE PRÉ-CONSTITUIÇÃO PELO MENOS HÁ UM ANO. IMPOSSIBILIDADE DA AÇÃO COLETIVA SUPERADA. LITISCONSÓRCIO ATIVO. ADMISSÃO.
>
> - O Código de Defesa do Consumidor (Lei 8.078/90) é aplicável aos contratos firmados entre as instituições financeiras e seus clientes referentes à caderneta de poupança.
>
> - Presente o interesse social pela dimensão do dano e sendo relevante o bem jurídico a ser protegido, como na hipótese, pode o juiz dispensar o requisito da pré-constituição superior a um ano, da associação autora da ação, de que trata o inciso III do parágrafo único do art. 82 do Código de Defesa do Consumidor, que cuida da defesa coletiva dos interesses ou direitos individuais homogêneos.
>
> - A inclusão de litisconsortes, na ação civil pública, segue as regras do Código de Processo Civil, sendo admitida, de regra, apenas em momento anterior à citação da ré. Na presente hipótese, contudo, constou

expressamente da petição inicial o pedido de publicação do edital para a convocação dos interessados, o que somente se deu após a citação, por inércia do magistrado de primeiro grau. Não se pretendeu alterar o pedido ou a causa de pedir, sendo aberta vista à parte contrária, que teve a oportunidade de se manifestar sobre a petição e os documentos a ela acostados, de forma que não houve qualquer prejuízo para o exercício de sua ampla defesa, sendo-lhe assegurado o contraditório. Destarte, admissível, ante às peculiaridades do caso e apenas excepcionalmente, o litisconsórcio ativo após a citação.

- Recurso especial conhecido e provido.[186]

PROCESSUAL CIVIL E CONSUMIDOR. AÇÃO CIVIL PÚBLICA. ASSOCIAÇÃO DE DEFESA DO CONSUMIDOR. LEGITIMIDADE ATIVA. EXPRESSA INCIDÊNCIA DO ART. 82, IV, DO CDC. REQUISITO TEMPORAL. DISPENSA. POSSIBILIDADE. DIREITOS INDIVIDUAIS HOMOGÊNEOS. DIREITO DE INFORMAÇÃO. PRODUTO. GLÚTEN. DOENÇA CELÍACA. DIREITO À VIDA.

1. Trata-se de Ação Civil Pública com a finalidade de obrigar a parte recorrida a veicular no rótulo dos alimentos industrializados que produz a informação acerca da presença ou não da proteína glúten.

---

[186] RESP 106888/PR. STJ 2ª Seção, Rel. MIN. CESAR ASFOR ROCHA, DJ: 05.08.2002, p. 196. Disponível em http://www.stj.gov.br Acesso em 18.ago.2003. 21:35:27

2. É dispensável o requisito temporal da associação (pré-constituição há mais de um ano) quando presente o interesse social evidenciado pela dimensão do dano e pela relevância do bem jurídico tutelado. (REsp 1.479.616/GO, Rel. Ministro Ricardo Villas Bôas Cueva, Terceira Turma, julgado em 3/3/2015, DJe 16/4/2015).

3. É fundamental assegurar os direitos de informação e segurança ao consumidor celíaco, que está adstrito à dieta isenta de glúten, sob pena de graves riscos à saúde, o que, em última análise, tangencia a garantia a uma vida digna.

4. Recurso Especial provido.[187]

Nos ensina ainda, Nelson Nery Júnior sobre a legitimidade das associações:

As associações civis são legitimadas para a defesa em juízo dos direitos difusos e coletivos, desde que cumpridos os requisitos estabelecidos na lei: estar constituída há pelo menos um ano e incluir entre suas finalidades institucionais a defesa de um dos bens jurídicos indicados na LACP 1º (V. coment.

---

[187] RESP. 1600172/GO. STJ 2ª Turma, Rel. MIN. HERMAN BENJAMIN, julgado em 15/09/2016, DJe 11/10/2016 (Informativo 591). CAVALCANTE, Márcio André Lopes. **Mesmo sem 1 ano de constituição, associação poderá ajuizar ACP para que fornecedor preste informações ao consumidor sobre produtos com glúten.** Buscador Dizer o Direito, Manaus. Disponível em: <https://www.buscadordizerodireito.com.br/jurisprudencia/detalhes/9d8df73a3 cfbf3c5b47bc9b50f214aff>. Acesso em: 03/03/2023

14 CPC 6.º; v. CF 5.º XXI e LXX). A legitimidade é aferível *ope legis*, bastando à associação preencher os requisitos contidos na lei para considerar-se legitimada ativa para a ACP, ao contrário da ação de classe (*class action*) norte-americana, onde essa legitimidade é aferível *ope judicis*, cumprindo ao juiz verificar se a associação possui adequada representatividade dos membros e da classe que representa. As limitações à legitimação das associações para a propositura da ACP são apenas e tão somente as estipuladas na norma ora comentada (constituição na forma da lei civil há pelo menos um ano; inclusão entre suas finalidades institucionais, da defesa de um dos direitos protegidos pela LACP). Não tem lugar, por ser ilegal, outra exigência ou distinção, principalmente tendo em vista a qualidade de entidade, que restrinja a legitimação para agir das associações, fora das hipóteses expressamente na norma sob exame.[188]

Continua ainda quanto ao prazo ânuo de constituição:

O juiz poderá dispensar esse prazo, pois há casos em que a associação é constituída *ex post factum*. A dispensa é válida para todas as ações propostas com base na LACP, CDC e

---

[188] NERY JÚNIOR, Nélson; NERY, Rosa Maria Andrade. **Código de Processo Civil Comentado e Legislação Processual Civil Extravagante em Vigor**. 4.ed. atual. até 10.03.1999. São Paulo: Revista dos Tribunais, 1999, nota 10 ao *caput* do artigo 5º da Lei 7.347/85, p. 1516.

ECA, exceto para o mandado de segurança coletivo, pois a exigência da pré-constituição está na CF 5.° LXX, não podendo a lei ordinária dispor diversamente.[189]

Cumpre ainda salientar, conforme ensinamentos de Édis Milaré, "a desnecessidade de previsão estatutária explícita para que a associação se legitime à defesa do Meio Ambiente. Basta que, entre os valores pelos quais pugna, possa aquela particularidade ser inferida".[190]

Urge ainda evidenciar, a legitimidade ativa dos sindicatos, que na sua concepção foram autorizados pelo artigo 8°, III da Constituição Federal "a defesa dos interesses coletivos ou individuais de sua categoria". A Lei 7.347/85 e o Código de Defesa do Consumidor, não dispuseram sobre a questão. Certo é que os sindicatos têm natureza jurídica de associação civil, razão pela

---

[189] NERY JÚNIOR, Nélson; NERY, Rosa Maria Andrade. *Ibidem*, nota 13 ao artigo 5° da Lei 7.347/85, p. 1516.
[190] MILARÉ, Edis (coord). **Ação Civil Pública: Lei 7.347/85 – 15 anos**. 2.ed. rev. e atual., São Paulo: Revista dos Tribunais, 2002, p. 216.

qual, várias regras atinentes à legitimidade das associações em geral lhe são aplicáveis, inclusive quanto àqueles prazos de pré-constituição e previsão nos seus estatutos para a defesa de direitos específicos. Convém salientar que o sindicato está adstrito à defesa da categoria, mas não há necessidade de que a causa verse sobre aspecto de relação de emprego, podendo abordar também direitos relacionados ao consumo ou proveitosa aos seus membros.[191]

2.6.2.4 DA ADMINISTRAÇÃO DIRETA, INDIRETA E FUNDAÇÕES

Conforme dispõe o *caput* do artigo 5º da Lei 7.347/85, em consonância com o artigo 82, II e III do Código de Defesa do Consumidor, as pessoas jurídicas da administração direta (União, Estados, Municípios e Distrito Federal[192]), da administração

---

[191] DINAMARCO, Pedro da Silva. **Ação Civil Pública**. São Paulo: Saraiva, 2001, p. 254.

[192] A Lei 7.347/85 não fazia referência ao Distrito Federal, mas o Código de Defesa do Consumidor de aplicação subsidiária na matéria, reconheceu expressamente a legitimidade ativa desse ente para as demandas coletivas.

indireta (autarquia, empresa pública e sociedade de economia mista) e as fundações, ainda que sem personalidade jurídica, têm legitimidade ativa para o ajuizamento da Ação Civil Pública.

No que tange à prática propriamente dita, essa legitimidade é pouco exercida, dispensando, pela doutrina dominante, pouca atenção.[193] De qualquer maneira, a legitimação dessas entidades para de defesa do meio ambiente não prescinde do exame, em cada caso concreto, do interesse ou vínculo que possam ter com o bem ameaçado ou lesado.[194] Nesse particular, conforme Edis Milaré, "parece evidente faltar à Fundação S.O.S. Mata Atlântica, de São Paulo, legitimidade para a demanda acautelatória de bem ambiental ameaçado em Catolé do Rocha, interior da Paraíba".[195] Esses entes só terão legitimidade concorrente para a propositura da Ação Civil Pública quando houver algum vínculo com as pessoas tuteladas. Se

---

Posteriormente, a Lei 11.448, de 15/01/2007, acrescentou o Distrito Federal como legitimado ativo para propositura da ACP.
[193] DINAMARCO, Pedro da Silva. *Ibidem*, p. 257.
[194] MILARÉ, Edis (coord). **Ação Civil Pública: Lei 7.347/85 – 15 anos**. *Op.cit.*, p. 217.
[195] MILARÉ, Edis. *Ibidem*, p. 217.

estas pertencerem exclusivamente ao Estado de São Paulo, logicamente que outro Estado da Federação (ou seus entes paraestatais) carecerá de legitimidade.[196]

Não pactuando da mesma ideia, Nelson e Rosa Nery assim dispõe sobre essa questão:

> As pessoas jurídicas de direito público que encerram a administração direta no âmbito federal, estadual ou municipal têm legitimidade para propositura da ACP. Sua representação em juízo se dá de acordo com o CPC 12 I e II.[197] Não há nenhuma exigência da lei para que os órgãos da administração direta estejam legitimados à propositura da ACP. O Estado federado do sul, por exemplo, pode ajuizar ACP na defesa do meio ambiente do Estão do Amazonas, porque o interesse processual na ACP é aferível em razão da qualidade do direito tutelado: difuso, coletivo ou individual homogêneo. Quando o Estado federado move ACP, não está ali na tutela de direito seu, individual, mas de direito que transcende a individualidade. Para a correta solução dos problemas processuais decorrentes da tutela jurisdicional dos direitos difusos e coletivos, não se pode raciocinar com o instituto do *interesse processual*, como

---

[196] DINAMARCO, Pedro da Silva. *Ibidem,* p. 257.
[197] Atual CPC/2015, artigo 75, incisos I, II e III.

se estivéssemos diante de tutela meramente individual. Assim, o Estado de São Paulo, legitimado que está pela norma comentada, tem *ipso facto*, interesse processual em ajuizar ACP no Amazonas, para a tutela de direitos difusos.[198]

Com a devida vênia, a posição adota por Nélson e Rosa Nery parece ser mais correta, tendo em vista a relação causa e consequência. Se levarmos em consideração que a degradação ambiental pode não ter fronteiras, no que tange ao interesse da humanidade ou difuso propriamente dito, o mais correto seria qualquer ente propor demanda coletiva, visando à defesa do interesse maior, ou seja, cessar a degradação, permitindo que as presentes e futuras gerações possam desfrutar do Meio Ambiente natural, independentemente de onde se localizem esses bens.

---

[198] NERY JÚNIOR, Nélson; NERY, Rosa Maria Andrade. **Código de Processo Civil Comentado e Legislação Processual Civil Extravagante em Vigor**. 4.ed. atual. até 10.03.1999. São Paulo: Revista dos Tribunais, 1999, nota 6 ao *caput* do artigo 5 da Lei 7.347/85, p. 1515.

Os entes da administração indireta têm legitimidade ativa para a condução das demandas coletivas, mas restringe-se à matéria na qual exerça sua função, tal qual ocorre em relação às associações.[199] Conforme Nélson e Rosa Nery, "a legitimidade desses órgãos se caracteriza desde que, dentre os objetivos institucionais do órgão da administração indireta, se inclua a defesa de um dos direitos tutelados pela LACP".[200] Da mesma forma as Fundações também devem ter nas suas finalidades institucionais a defesa de um dos direitos protegidos pela LACP.

2.6.2.5 LITISCONSÓRCIO

O Ministério Público está regulado pela Constituição Federal de 1988 no seu artigo 127 e parágrafos, onde é instituição permanente[201]; una, indivisível e independente[202]; bem como

---

[199] DINAMARCO, Pedro da Silva. *Ibidem*, p. 261.
[200] NERY JÚNIOR, Nélson; NERY, Rosa Maria. *Ibidem*, nota 9 ao *caput* do artigo 5 da Lei 7.347/85, p. 1516.
[201] *Caput* do artigo 127.
[202] § 1º do artigo 127.

possui autonomia funcional e administrativa[203]. Portanto, recebeu status constitucional e legitimidade ativa para ajuizar ações pertinentes a defesa dos interesses e direitos relacionados ao Meio Ambiente, independentemente da esfera Federal ou Estadual. Portanto, admite-se, litisconsórcio facultativo entre os Ministérios Públicos da União, do Distrito Federal e dos Estados na defesa dos interesses e direitos que cuida a Lei 7.347/85.[204]

Edis Milaré destaca os ensinamentos de Kazuo Watanabe sobre o litisconsórcio entre Ministérios Públicos:

> Desde que a defesa dos interesses e direitos difusos e coletivos esteja dentro das atribuições que a lei confere a um órgão do Ministério Público, a este é dado atuar em qualquer das justiças, até mesmo em atuação conjunta com a mesma atribuição. A alusão ao *litisconsórcio* é feita, precisamente, para consagrar a possibilidade dessa atuação conjunta, com o que se evitarão discussões doutrinárias estéreis a respeito do tema e, mais

---

[203] § 2º do artigo 127.
[204] Artigo 5º, § 5º: "Admitir-se-á o litisconsórcio facultativo entre os Ministérios Públicos da União, do Distrito Federal e dos Estados na defesa dos interesses e direitos de que cuida esta Lei". Acrescentado pelo Código de Defesa do Consumidor artigo 113.

do que isto, um inútil e absurdo conflito de atribuições, que não raro revela muito mais uma disputa de vaidades do que defesa da atribuição privativa de um órgão do Ministério Público.[205]

O litisconsórcio pode ser ativo, quando há vários autores e apenas um réu; passivo, quando há um autor e vários réus; ou misto, quando há vários autores e vários réus.

A Lei 7.347/85 como forma de obter maior eficácia na defesa dos interesses transindividuais, reconheceu a legitimação concorrente e facultou aos colegitimados medirem esforços conjuntos na defesa de tais interesses.[206] Neste ínterim, o litisconsórcio é facultativo e unitário, pois não permite que nenhuma das partes recuse a outra no polo da demanda, por terem

---

[205] MILARÉ, Edis (coord). **Ação Civil Pública: Lei 7.347/85 – 15 anos.** *Op.cit.,* p. 219.

[206] MILARÉ, Edis (coord). **Ação Civil Pública: Lei 7.347/85 – 15 anos.** *Ibidem,* p. 218.

a mesma causa de pedir e o mesmo pedido e também pelo fato de que a sentença de mérito abrangerá todos os litisconsortes.

Não obstante, pode qualquer dos colegitimados habilitar-se como assistente litisconsorcial do outro, depois de já proposta a ação. Conforme prevê nosso Código de Processo Civil/2015 no artigo 119: "Pendendo uma causa entre 2 (duas) ou mais pessoas, o terceiro juridicamente interessado em que a sentença seja favorável a uma delas poderá intervir no processo para assisti-la". No parágrafo único do mesmo artigo, prossegue: "A assistência será admitida em qualquer procedimento e em todos os graus de jurisdição, recebendo o assistente o processo no estado em que se encontre". Ainda o artigo 124 do mesmo Código assim se refere: "Considera-se litisconsorte da parte principal o assistente sempre que a sentença influir na relação jurídica entre ele e o adversário do assistido".

Pode ainda, em decorrência da responsabilidade solidária vigorante em matéria ambiental, o litisconsórcio passivo, figurando como réu na demanda, em razão dos danos causados, tanto o responsável direto quanto o indireto, ou ambos. Sem embargo, a assistência pode ocorrer também no polo passivo da relação processual. Nesse particular, caso o Estado seja autor de atividade danosa ao Meio Ambiente, terá responsabilidade objetiva como qualquer pessoa jurídica, figurando no polo passivo da demanda. Pode o Estado ser ainda, responsável solidário e objetivo na demanda, caso em que conceda licença ambiental ou autorização para atividade que cause dano ambiental.

2.6.3 LEGITIMIDADE PASSIVA

Nas Ações Civis Públicas ou coletivas, em tese, qualquer pessoa, física ou jurídica, pode ser parte passiva, desde que tenha dado vasão ao elemento danoso, ou seja, o poluidor. Entretanto a Lei da Ação Civil Pública não delimitou essas pessoas. Porém, a

Lei 6.938/81[207] qualificou como poluidor: "a pessoa física ou jurídica, de direito público ou privado, responsável, direta ou indiretamente, por atividade causadora de degradação ambiental".[208] Correto afirmar então, que qualquer pessoa física ou jurídica pode ter legitimidade passiva nas demandas, inclusive a Administração Pública, desde que venha a infringir normas de direito material atinente à proteção do Meio Ambiente.

O Ministério Público não pode figurar no polo passivo da demanda, pois é órgão estatal desprovido de personalidade jurídica. Os membros do Ministério Público não são funcionários comuns do Estado, e sim agentes políticos. Respondem em caso de dolo ou fraude, ou culpa excepcionalmente grave.[209] No exercício regular de suas funções não podem ser responsabilizados, nem à

---

[207] Dispõe Sobre a Política Nacional do Meio Ambiente, seus fins e mecanismos de formulação e aplicação, e dá outras providências. Sancionada em 31 de agosto de 1981.
[208] Artigo 3º, IV.
[209] MAZZILLI, Hugo Nigro. **A Defesa dos Interesses Difusos em Juízo**. 12.ed. rev. ampl. e atualiz. São Paulo: Saraiva, 2000, p. 377.

instituição, mas o Estado, desde que tenham agido dentro das atribuições que a lei lhes confere.

Conforme Edis Milaré, "o Poder Público poderá sempre figurar no polo passivo de qualquer demanda dirigida à reparação do Meio Ambiente".[210] Nesse ínterim, se o Estado não for agente passivo por ter ocasionado diretamente o dano, através de um dos seus agentes, o será pelo fato de ser, ao menos solidariamente, responsável pela omissão no dever de fiscalizar e impedir que tais danos aconteçam. O Estado tem o dever de preservar e defender o meio ambiente.[211]

Em relação à associação ou qualquer outro grupo organizado, parece impossível a representação dos interesses exclusivos de seus associados no polo passivo da Ação Civil Pública, tendo em vista que esta representação só é permitida com

---

[210] MILARÉ, Edis (coord). **Ação Civil Pública: Lei 7.347/85 – 15 anos**. 2.ed. ver. e atual., São Paulo: Revista dos Tribunais, 2002, p. 222.
[211] CF/88, artigo 225, *caput*.

expressa previsão legal. Daí que a Lei 7.347/85 no seu artigo 5°

autoriza a presença de associação de determinada classe apenas no

polo ativo da demanda. O insucesso da defesa apresentada jamais

poderá prejudicar indevidamente os interesses dos seus

associados.[212]

2.7 INQUÉRITO CIVIL

O inquérito civil está previsto no artigo 8°, § 1°, da Lei

7.347/85[213], e é um procedimento administrativo investigatório,

inquisitorial, de caráter pré-processual, que se realiza

extrajudicialmente, a cargo do Ministério Público, destinado a

colher elementos para a propositura da Ação Civil Pública.[214] A ele

não é dado o procedimento do contraditório nem da ampla

---

[212] DINAMARCO, Pedro da Silva. *Ibidem*, p. 254.
[213] § 1° - O Ministério Público poderá instaurar, sob sua presidência, inquérito civil, ou requisitar, de qualquer organismo público ou particular, certidões, informações, exames ou perícias, no prazo que assinalar, o qual não poderá ser inferior a dez dias úteis.
[214] SMANIO, Gianpaolo Poggio. **Interesses Difusos e Coletivos**. 2.ed. São Paulo: Atlas, 1999, p. 101.

defesa[215], contrariamente o que diz a Constituição, pois esses princípios não prevalecem no curso das investigações preparatórias promovidas pelo Ministério Público.[216] Da mesma opinião Voltaire de Lima Moraes que entende tratar "de um procedimento extraprocessual, presidido pelo Ministério Público, de caráter inquisitorial e que por isso mesmo não é alcançado pela norma constitucional do art. 5º, LV". [217]

Sobre o inquérito civil Voltaire de Lima Moraes nos ensina:

> Trata-se de um procedimento de natureza administrativa, destinado a apurar a possibilidade de ou ocorrência de dano ao meio ambiente, consumidor e bens culturais, bem como descobrir o autor dessas condutas perigosas ou lesivas a tais bens.[218]

---

[215] CF/88, artigo 5º, LV: "aos litigantes, em processo judicial ou administrativo, e aos acusados em geral são assegurados o contraditório e ampla defesa, com os meios e recursos a ela inerentes".

[216] SÉGUIN, Elida. *Ibidem*, p. 240.

[217] MORAES, Voltaire de Lima. In **Ação Civil Pública: Lei 7.347/85: reminiscências e reflexões após dez anos de aplicação.** MILARÉ, Edis (coord.). São Paulo: Revista dos Tribunais, 1995, p. 463.

[218] MORAES, Voltaire de Lima. **Ação Civil Pública e a Tutela do Meio Ambiente.** Revista Jurídica n.113, 1986, p. 18.

Da mesma forma Hugo Nigro Mazzilli diz que "o inquérito civil é investigação administrativa a cargo do Ministério Público, destinada a colher elementos de convicção para eventual propositura de ação civil pública".[219]

Com o advento da Constituição Federal de 1988, passou a ser uma das funções institucionais do Ministério Público[220], juntamente com a Ação Civil Pública na defesa do Meio Ambiente. Entretanto, conforme se entende do artigo 6º da Lei 7.347/85[221], o inquérito civil pode ser iniciado a pedido de qualquer pessoa[222], requerendo ao Ministério Público a instauração de uma investigação que pode redundar em uma propositura de Ação Civil Pública.

---

[219] MAZZILLI, Hugo Nigro. **A Defesa dos Interesses Difusos em Juízo**. *Op cit.*, p. 281.
[220] CF/88, artigo 129, III.
[221] "Qualquer pessoa poderá e o servidor público deverá provocar a iniciativa do Ministério Público, ministrando-lhe informações sobre fatos que constituam objeto da ação civil e indicando-lhe os elementos de convicção".
[222] SÉGUIN, Elida. *Ibidem*, p. 238.

Conforme o artigo 8°, § 1° da mesma Lei, o Ministério público *poderá* instaurar, sob sua presidência, inquérito civil, fica evidente que se trata de mera faculdade.[223] Porém, sobretudo, a instauração do inquérito civil não obrigará o Ministério Público ao ajuizamento da Ação Civil Pública, pois não é pré-requisito da mesma.[224] Em havendo elementos mínimos de prova sobre o fato, que autorize o ajuizamento da ação, torna-se desnecessária a investigação.

O pressuposto para a instauração do inquérito é a existência de fato determinado, do qual decorra ou possa decorrer lesão a interesses ou direitos velados pelo Ministério Público.[225] Pode ainda, destinar-se a investigar um estado de coisas ou uma situação

---

[223] MILARÉ, Edis (coord.). **Ação Civil Pública: Lei 7.347/1985 – 15 anos.** *Op.cit.*, p. 190.
[224] SÉGUIN, Elida. *Ibidem*, p. 239.
[225] MILARÉ, Edis (coord.). *Ibidem*, p. 190.

permanente, ainda que não, exatamente, um único fato determinado.[226]

Como mencionado, cabe ao Ministério Público sua instauração, sendo de competência do *Parquet* com ofício no local onde ocorreu ou possa ocorrer o dano, respeitadas as exceções constitucionais e legais pertinentes.[227] Para sua instauração devem ser levadas em conta não só as regras de competência previstas na Lei da Ação Civil Pública e no Código de Defesa do Consumidor, como também as normas de organização do Ministério Público.[228]

Relativamente ao arquivamento do inquérito civil, se promovido, deve o Ministério Público submete-lo ao Conselho Superior do Ministério Público, tendo em vista o sistema de freios

---

[226] MAZZILLI, Hugo Nigro. **A Defesa dos Interesses Difusos em Juízo**. *Op.cit.*, p. 286.
[227] MILARÉ, Edis (coord.). *Ibidem*, p. 191.
[228] MAZZILLI, Hugo Nigro. *Ibidem*, p. 286.

e contrapesos[229], constante da Lei da Ação Civil Pública que garante a revisão da promoção de arquivamento ao órgão superior do Ministério Público, conforme artigo 9º, § 1º da Lei 7.347/85.

2.8 COMPROMISSO DE AJUSTAMENTO DE CONDUTA

O compromisso de ajustamento de conduta foi instituído pelas Leis 8.069/90 e 8.078/90, Estatuto da Criança e do Adolescente e Código de Defesa do Consumidor, respectivamente. O Código de Defesa do Consumidor acrescentou à Lei da Ação Civil Pública o § 6º, no artigo 5º, com a seguinte redação: "Os órgãos públicos legitimados poderão tomar dos interessados compromisso de ajustamento de sua conduta às exigências legais, mediante cominações, que terá eficácia de título executivo

[229] CAPPELLI, Sílvia. **O Ministério Público e os Instrumentos de Proteção ao Meio Ambiente**. Disponível em <http: www.mp.rs.gov.br> - Acesso em 27.ago.2003. 13:59:44.

extrajudicial". Como é tomado por termo, o compromisso também é conhecido como Termo de Ajustamento de Conduta.[230]

Apenas os órgãos públicos estão legitimados a transacionar[231], mesmo havendo vários colegitimados para ajuizamento da Ação Civil Pública. A exclusão nesse caso atinge somente as associações, pois é correto a legitimação dos demais entes que compõem a Administração Pública, direta, indireta ou fundacional.[232]

O objeto do compromisso de ajustamento pode versar qualquer obrigação de fazer ou não fazer atinente ao zelo de quaisquer interesses difusos, coletivos ou individuais homogêneos. Podem ainda, esses compromissos conterem obrigações pecuniárias, mas dados, os contornos que a lei lhes deu, não serão

---

[230] MAZZILLI, Hugo Nigro. **Notas Sobre o Compromisso de Ajustamento de Conduta**. Direito, Água e Vida. BENJAMIN, Antonio Herman (org). São Paulo: Imprensa Oficial, 2003, p. 572.
[231] SMANIO, Gianpaolo Poggio. *Ibidem*, p. 98.
[232] MILARÉ, Edis. **Ação Civil Pública: Lei 7.347/1985 – 15 anos**. *Op.cit.*, p. 203.

estas o objeto principal do compromisso, mas sim devem ter o caráter de sanção, para o caso de descumprimento da obrigação de comportamento assumida.[233]

Esse compromisso, em suma, visa prevenir o litígio (propositura da Ação Civil Pública) ou pôr-lhe fim (ação em andamento), e ainda dotar o ente legitimado de título extrajudicial ou judicial, respectivamente, tornando líquida e certa a obrigação.[234]

Outro detalhe deve ser mencionado. Não obstante ao compromisso de ajustamento de conduta, qualquer dos colegitimados ou os próprios indivíduos lesados, podem se opor e ajuizar Ação Civil Pública, objetivando obrigação mais abrangente ou até mesmo diversa daquela acordada.[235] O que não poderá

---

[233] MAZZILLI, Hugo Nigro. **Notas Sobre o Compromisso de Ajustamento de Conduta.** *Ibidem*, p. 573.
[234] MILARÉ, Edis. **Ação Civil Pública: Lei 7.347/1985 – 15 anos.** *Op.cit.*, p. 201.
[235] MAZZILLI, Hugo Nigro. **Notas Sobre o Compromisso de Ajustamento de Conduta.** *Ibidem*, p. 575.

ocorrer é a interposição de demanda que verse sobre o mesmo fundamento do já acordado, pois assim faltaria interesse processual na demanda, tendo em vista a existência de título extrajudicial que beneficia a todo o grupo.

Tomado o compromisso de ajustamento de conduta pelo Ministério Público, é de bom alvitre e de boa cautela que se submeta ao Conselho Superior, não a título de condicionar sua eficácia, mas porque o compromisso importa em encerramento total ou parcial das investigações ministeriais. Deve-se levar em consideração para tanto, a possibilidade de o Conselho Superior entender insatisfatória a solução alcançada e determinar outras diligências no inquérito civil ou até mesmo a propositura de Ação Civil Pública por outro membro da instituição.[236]

---

[236] MAZZILLI, Hugo Nigro. **A Defesa dos Interesses Difusos em Juízo**. *Op.cit.*, p. 260.

2.9 A COLETIVIDADE COMO DESTINATÁRIA DO DIREITO AMBIENTAL E O DIREITO FUNDAMENTAL A QUALIDADE DO MEIO AMBIENTE

A legislação brasileira já vem há algum tempo adotando medidas de defesa do meio ambiente e dos direitos difusos e coletivos. Na década de 60, mais precisamente em 29 de junho de 1965, o legislador editara a Lei 4.717 conhecida como Lei da Ação Popular, que permitia a qualquer cidadão a defesa dos interesses coletivos.[237]

Mais detalhadamente ao Direito Ambiental, a Lei 6.938/81 cuidou de traçar parâmetros legais criando e regulando a Política

---

[237] Artigo 1º - "qualquer cidadão será parte legítima para pleitear a anulação ou a declaração de nulidade de atos lesivos ao patrimônio da União, do Distrito Federal, dos Estados e dos Municípios, de entidades autárquicas, de sociedades de economia mista (Constituição, art. 141, § 38 – CF/1946), de sociedades mútuas de seguro nas quais a União represente os segurados ausentes, de empresas públicas, de serviços sociais autônomos, de instituições ou fundações para cuja criação ou custeio o tesouro público haja concorrido ou concorra com mais de cinquenta por cento do patrimônio ou da receita anua de empresas incorporadas ao patrimônio da União, do Distrito Federal, dos Estados e dos Municípios e de quaisquer pessoas jurídicas ou entidades subvencionadas pelos cofres públicos".

Nacional do Meio Ambiente, que passou a ser o marco nacional para a "preservação, melhoria e recuperação da qualidade ambiental propícia à vida"[238]. Neste ínterim, mais adiante o legislador cuidou de criar Lei específica para a defesa dos interesses coletivos e difusos, dentre eles os que visam à defesa do Meio Ambiente, qual seja a Lei da Ação Civil Pública, que foi outro marco balizador na defesa dos bens naturais da humanidade.[239]

Não obstante, diante de tamanha relevância, tratou a Constituição Nacional de 1988, de criar, em capítulo especial, regulamentação ao Meio Ambiente.[240] No artigo 225 assegurou que "todos têm direito ao meio ambiente ecologicamente equilibrado, bem de uso comum do povo e essencial à sadia

---

[238] Artigo 2º, *caput* da Lei 6.938/81 – "A Política Nacional do Meio Ambiente tem por objetivo a preservação, melhoria e recuperação da qualidade ambiental propícia à vida, visando assegurar, no País, condições ao desenvolvimento socioeconômico, aos interesses da segurança nacional e à proteção da dignidade da vida humana, atendidos os seguintes princípios: (...)".
[239] Lei 7.347 de 24 de julho de 1985.
[240] Capítulo VI, do Título VIII.

qualidade de vida, impondo-se ao Poder Público e à coletividade o dever de defendê-lo e preservá-lo para as presentes e futuras gerações".

A sociedade mais uma vez adquiriu direitos e deveres: - "ao meio ambiente ecologicamente equilibrado" e "defender e preservar para as presentes e futuras gerações". Nesse contexto há que ser dito, que toda sociedade tem o dever de combater a degradação ambiental, quer seja, conjuntamente, quer seja, individualmente.[241]

Ainda, ao cidadão é assegurado o direito de, por iniciativa popular, [242] elaborar projeto de lei para o firme exercício de sua cidadania.[243] Não se quer dizer com isso que é necessário a criação de mais leis para o propósito de defender a esfera ambiental, mas sim, dizer, que a sociedade adquiriu meios para também impor suas

---

[241] Através da Ação Popular o cidadão é parte legítima para opor ação em defesa do meio ambiente, *cf* artigo 5º, LXXIII da CF/88.
[242] Artigo 14, III, CF/88.
[243] Artigo 61, § 2º, CF/88.

necessidades. Como bem lembra Voltaire de Lima Moraes[244], "o progresso científico e tecnológico modificou a mentalidade, os usos e costumes, bem como o visual da sociedade contemporânea, inclusive propiciando mais conforto e novas alternativas de trabalho ao homem". Não se quer falar que a sociedade não deva evoluir, mas nada mais justo que o faça respeitando os limites impostos pela legislação.

Pertinente e correto foi o legislador ao determinar a possibilidade de pena pecuniária ao responsável pelo dano ambiental, conforme expresso no artigo 3º da Lei 7.347/85[245], que reverterá ao fundo para reconstituição dos interesses metaindividuais lesados, conforme determina a Lei.[246] Dessa maneira o Poder Público vem agindo, na tentativa de preservar e

---

[244] MORAES, Voltaire de Lima (org.). **Ministério Público Direito e Sociedade**. Porto Alegre: Fabris, 1986, p. 182.

[245] A ação civil poderá ter por objeto a condenação em dinheiro ou o cumprimento de obrigação de fazer ou não fazer.

[246] Artigo 13 da Lei 7.347/85 – "Havendo condenação em dinheiro, a indenização pelo dano causado reverterá a um fundo gerido por um Conselho Federal ou por Conselhos Estaduais de que participarão necessariamente o Ministério Público e representantes da comunidade, sendo seus recursos destinados à reconstituição dos bens lesados".

recuperar quando possível os bens de natureza transindividual.

Portanto, correta a indenização em dinheiro pelo mau uso dos bens

naturais, tendo em vista que muitos desses bens não são renováveis,

face ao desiderato dano a ele cometido.

Cumpre salientar, a necessidade da participação da

sociedade, se engajando nos projetos de defesa do Meio Ambiente.

O cidadão pode e deve fiscalizar, denunciando aos órgãos

competentes[247] toda e qualquer atividade que por ventura esteja ou

possa vir a degradar o Meio Ambiente, conforme Elida Séguin

"participar é preciso":

> O princípio da Participação traduz-se
> assim no envolvimento de todos os segmentos
> da sociedade nas questões ambientais como
> forma do pleno exercício da cidadania.
> Manifesta-se de diversas formas que podem
> ser acionadas simultaneamente pela
> sociedade. A participação auxilia na
> conscientização de que a comunidade também
> é responsável pela preservação ambiental ao

---

[247] Artigo 6º da Lei 7.347/85: "Qualquer pessoa poderá e o servidor público deverá provocar a iniciativa do Ministério Público, ministrando-lhe informações sobre fatos que constituam objeto da ação civil e indicando-lhe os elementos de convicção".

atribuir-lhe responsabilidades. Torna-a também um fiscal das atividades poluidoras. Através da participação a coletividade deixa de ser um espectador e assume papel de Ator Social e de Parceiro na preservação ambiental.[248]

O uso irregular dos recursos naturais destruirá ou contaminará os mananciais, promoverá a erosão, eliminará a vegetação, poluirá a atmosfera, alterará o clima. Teremos danos incalculáveis com a degradação do *habitat*.[249] É preciso conscientizar as pessoas, o Ministério Público e o próprio Judiciário de que existe um dever consistente na prática de *ato positivo*, seja para impedir o dano ambiental, seja para reparar o dano ocorrido.[250]

---

[248] SÉGUIN, Elida. **O Direito Ambiental: Nossa Casa Planetária**. Rio de Janeiro: Forense, 2000, p. 260.
[249] MAZZILLI, Hugo Nigro. **A Defesa dos Interesses Difusos em Juízo**. 12.ed. rev., ampl. e atual. São Paulo: Saraiva, 2000, p. 123.
[250] *Ibidem*, p. 123.

3 A EFICÁCIA JURÍDICA DA AÇÃO CIVIL PÚBLICA NA DEFESA DO MEIO AMBIENTE

A eficácia jurídica em um processo judicial tem relação direta e imediata com a sentença de mérito e consequentemente com o trânsito em julgado. Dessa forma é adequado iniciarmos esse tópico discorrendo sobre a sentença, coisa julgada e a execução da sentença.

3.1 SENTENÇA

Conforme ensinamentos de Rodolfo Camargo Mancuso

sobre a sentença:

> Da leitura conjunta dos arts. 11 e 13 da Lei nº 7.347/85, se extrai a conclusão de que a sentença na ação civil pública tem, precipuamente, natureza cominatória (=*facere, non facere*). (...) a natureza da sentença é cominatória, porque o objeto da ação civil pública é voltado para a tutela *in specie* de um interesse difuso, e não para a obtenção de uma condenação pecuniária. Até porque, em muitos casos o dinheiro seria uma pálida compensação pelo dano coletivo (...).[251]

Hely Lopes Meirelles sobre o mesmo tema assim dispõe:

> A imposição judicial de fazer ou não fazer, natureza condenatória, é mais racional que a condenação pecuniária (obrigação de dar), porque, na maioria dos casos, o interesse público é mais o de obstar à agressão do meio

---

[251] MANCUSO, Rodolfo de Camargo. **Ação Civil Pública: Em Defesa do Meio Ambiente, do Patrimônio Cultural e dos Consumidores (Lei 7.347/85 e legislação complementar)**. São Paulo: Revista dos Tribunais, 1999, p. 204.

ambiente ou obter reparação direta e *in specie* do dano do que de receber qualquer quantia em dinheiro para sua recomposição, mesmo porque quase sempre a consumação da lesão ambiental é irreparável, como ocorre no desmatamento de uma floresta natural, na destruição de um bem histórico, artístico ou paisagístico, assim como ocorre no envenenamento de um manancial, com a mortandade da fauna aquática. Na condenação à obrigação de fazer ou não fazer, o juiz determinará o cumprimento da sentença *in specie*, sob pena de execução específica ou de cominação de multa, se esta for suficiente ou compatível, independentemente do requerimento do autor, conforme art. 11.[252]

A sentença condenatória produz efeitos *ex tunc*[253], ou seja, seus efeitos retroagem, mas somente até a data em que o devedor foi constituído em mora, via de regra a data da citação, conforme o artigo 240 do Código de Processo Civil/2015.[254] Para que a tutela

---

[252] MEIRELLES, Hely Lopes. **Mandado de Segurança, Ação Popular, Ação Civil Pública, Mandado de Injunção, "Habeas Data"**. 16.ed. São Paulo: Malheiros, 1995, p. 129-130.

[253] THODORO JÚNIOR, Humberto. **Curso de Direito Processual Civil**. 18.ed. Rio de Janeiro: Forense, 1996, p. 519.

[254] "A citação válida, ainda quando ordenada por juízo incompetente, induz litispendência, torna litigiosa a coisa e constitui em mora o devedor, ressalvado o disposto nos arts. 397 e 398 da Lei nº 10.406, de 10 de janeiro de 2002 (Código Civil)".

seja realmente efetiva, em certos casos é necessário criar uma "tutela jurisdicional diferenciada"[255], que, para Pedro da Silva Dinamarco, está intimamente ligada à ideia de criar meios para a efetividade do processo.

Da norma que é realmente observada pelo grupo comunitário, diz-se que tem eficácia. Isso significa afirmar que, de fato, a norma desempenha satisfatoriamente sua função social, qual seja manter a ordem e distribuir justiça. O que se espera da eficácia é o resultado, que se mede pela constância com que a norma é seguida e realizada. E isso não se consegue sem a colaboração ativa de todos os componentes do corpo social. Nessa participação, pressupõe-se a existência de firme sentimento jurídico, que leve à convicção da obrigatoriedade do preceito normativo. E aí se descobre como a eficácia se encontra indissoluvelmente ligada às ideias de utilidade e de justiça. Convém assinalar o caráter sociológico da eficácia. O conceito de eficácia tem sua projeção

---

[255] DINAMARCO, Pedro da Silva. **Ação Civil Pública**. São Paulo: Saraiva, 2001, p. 93.

dirigida para o fato social. Reponta a importância da valoração do fato, para que a norma seja eficaz, ou melhor, para que haja Direito.[256]

Na Ação Civil Pública a eficácia da sentença se perfectibilizará com o cumprimento da obrigação já na esfera da execução, quer seja pelo cumprimento de uma obrigação de fazer ou não fazer, quer seja pelo pagamento da condenação em dinheiro. O moderno processo civil visa resultados, que consiste em propiciar ao sujeito que tiver razão a satisfação do seu pleito.[257] Entretanto, poderá, anteriormente à sentença, ainda em processo de conhecimento, liminarmente, serem antecipados os efeitos que a sentença gerará, total ou parcial[258], conforme disposto na Lei

---

[256] VASCONCELOS, Arnaldo. **Teoria da Norma Jurídica**. Rio de Janeiro: Forense 1978, p. 318.
[257] DINAMARCO, Cândido Rangel. *Ibidem*, p. 108.
[258] Artigo 300, CPC/2015 – "A tutela de urgência será concedida quando houver elementos que evidenciem a probabilidade do direito e o perigo de dano ou o risco ao resultado útil do processo".

7.347/85 no seu artigo 12[259], gerando também a eficácia pretendida, que visa à preservação do Meio Ambiente.

3.2 COISA JULGADA

No processo civil tradicional, onde a tarefa da ordem jurídica visa harmonizar, basicamente, conflitos interindividuais[260], ou entre grupos bem delimitados e restritos de pessoas, a sentença faz coisa julgada às partes entre as quais é dada, não beneficiando nem prejudicando terceiros.[261] O exercício da jurisdição requer que seus resultados fiquem imunizados contra novos questionamentos. Porque uma total vulnerabilidade desses resultados comprometeria gravemente o escopo social de pacificação. A segurança jurídica é reconhecido fator de paz entre as pessoas no convívio social, por isso, o direito consagra o

---

[259] Artigo 12 - "Poderá o juiz conceder mandado liminar, com ou sem justificação prévia, em decisão sujeita a agravo".
[260] MILARÉ, Edis (coord). **Ação Civil Pública: Lei 7.347/85 – 15 anos**. 2ª ed. rev. e atual. São Paulo: Revista dos Tribunais, 2002, p. 215.
[261] CPC/2015 artigo 506.

instituto da coisa julgada, destinado a preservar a estabilidade dos efeitos da sentença de mérito e impedir que novas leis ou novas sentenças aniquilem ou reduzam a utilidade pacificadora do exercício da ação no processo de conhecimento.[262] Conforme artigo 502 do CPC/2015, "denomina-se coisa julgada material a autoridade que torna imutável e indiscutível a decisão de mérito não mais sujeita a recurso".

Relativamente às demandas metaindividuais, o instituto da coisa julgada está previsto no artigo 16 da Lei 7.347/85.[263] A sentença faz coisa julgada com relação a todos, sendo o pedido acolhido ou rejeitado pelo mérito. Salvo se houver improcedência da demanda por falta de provas, daí então, que qualquer dos

---

[262] DINAMARCO, Cândido Rangel. **Instituições de Direito Processual Civil.** 2.ed. rev. e atual. São Paulo: Malheiros, 2002, p. 304-305.

[263] "A sentença civil fará coisa julgada *"erga omnes"*, nos limites da competência territorial do órgão prolator, exceto se o pedido for julgado improcedente por insuficiência de provas, hipótese em que qualquer legitimado poderá intentar outra ação com idêntico fundamento, valendo-se de nova prova". (redação dada pela Lei 9.494, de 10-09-1997).

legitimados poderá impetrar novamente, com os mesmos fundamentos, mas com novas provas, outra demanda.

O princípio da coisa julgada também está bem delimitado na Magna Carta no seu artigo 5°, XXXVI, onde "a lei não prejudicará o direito adquirido, o ato jurídico perfeito e a coisa julgada". Outrossim, é necessário salientar, que a extensão *erga omnes* da decisão é o reconhecimento da não titularidade individual dos interesses difusos.

"A demanda não transita em julgado"[264], pois se a mesma for julgada improcedente por deficiência de provas, poderá qualquer dos outros legitimados intentar novamente, com idênticos fundamentos, mas com novas provas, outra ação.[265] O princípio da coisa julgada não é obedecido porque novos elementos impedem de não se tratar de nova demanda, mas apenas de novas provas.

---

[264] SEGUÍN, Elida. *Ibidem*, p. 257.
[265] Artigo 16 da Lei 7.347/85, redação dada pela Lei 9.494/97.

Conforme os ensinamentos de Ada Pellegrini Grinover

sobre o tema:

> a) o art. 16 da LACP não se aplica à coisa julgada nas ações coletivas em defesa de interesses individuais homogêneos;
> b) aplica-se à coisa julgada nas ações em defesa de interesses difusos e coletivos, mas o acréscimo introduzido pela Medida Provisória é inoperante, porquanto é a própria lei especial que amplia os limites da competência territorial, nos processos coletivos, ao âmbito nacional ou regional;
> c) de qualquer modo, o que determina o âmbito de abrangência da coisa julgada é o pedido, e não a competência. Sendo o pedido amplo (*erga omnes*), o juiz competente o será para julgar a respeito de todo o objeto do processo;
> d) em conseqüência, a nova redação do dispositivo é totalmente ineficaz.[266]

Justifica-se ainda, o empecilho à formação da coisa julgada,

pelo fato que a Ação Civil Pública é informada por doutrina

---

[266] GRINOVER, Ada Pellegrini. **A Aparente Restrição da Coisa Julgada na Ação Civil Pública: Ineficácia da Modificação ao Art. 16 pela Lei 9.494/97**. in Temas de Direito Ambiental e Urbanístico, Guilherme de Figueiredo (org.), São Paulo: Max Limonad, 1998, p. 12.

protetiva, no sentido de que a coisa julgada não se forma sempre que a improcedência fizer suporte na ausência ou insuficiência de prova. E nessa esteira protetiva, levando-se em conta a importância dos interesses difusos e coletivos, não se deverá permitir a formação de coisa julgada quando a parte agir dolosamente no sentido de levar o julgador a erro. Suponhamos a existência de perícia elaborada por perito cuja conclusão não prestigia a verdade e tenha passado desapercebida pelo autor e pelo Juiz, desaguando na improcedência. Decorrido o prazo de dois anos, a farsa estaria referendada pelo lapso decadencial. A regra, todavia, não poderá subsistir em sede de interesses difusos ou coletivos, em face da indisponibilidade de tais direitos.[267]

3.2.1 COISA JULGADA – EXTENSÃO TERRITORIAL

Brevemente, cabe ressaltar que atualmente a jurisprudência, tanto do STJ quanto do STF, sedimentou

---

[267] MILARÉ, Edis (coord). **Ação Civil Pública: Lei 7.347/85 – 15 anos**. 2ª ed. rev. e atual. São Paulo: Revista dos Tribunais, 2002, p. 215.

entendimento com relação à extensão territorial da coisa jugada, estabelecendo que é indevido limitar a eficácia das decisões em Ações Civis Públicas coletivas ao território da competência do órgão judicante.

O STF entendeu que os efeitos da decisão em Ação Civil Pública não devem ter limites territoriais. O Relator Ministro Alexandre de Moraes entendeu que "O juiz é ou não é competente para decidir uma questão? Se sim, a partir da decisão e da coisa julgada, os efeitos e a eficácia da decisão não se confundem com a limitação territorial. Os efeitos têm a ver com os limites da lide. Não se pode confundir limitação territorial de competência com os efeitos".[268]

Com esse entendimento, o plenário do STF, declarou a inconstitucionalidade do artigo 16 da Lei 7.347/85 reestabelecendo o texto original nos seguintes termos: "A sentença civil fará coisa

---

[268] ConJur - Supremo extingue limite territorial em ação civil pública – Acesso 08/03/2023

julgada *erga omnes*, exceto se a ação for julgada improcedente por deficiência de provas, hipótese em que qualquer legitimado poderá intentar outra ação com idêntico fundamento, valendo-se de nova prova".

3.3 EXECUÇÃO DA SENTENÇA

No sistema tradicional, acolhida a pretensão do autor, por meio de sentença que obrigue o réu a uma prestação de dar, fazer ou não fazer, nasce uma nova ação (executiva ou executória), por meio da qual possa a sanção devida ser aplicada ao condenado.[269] Como destaca a Lei 7.347/85 no seu artigo 15[270], caso não seja proposta a execução pela parte que teve sua pretensão acolhida, o fará o Ministério Público ou um dos legitimados. Portanto, cabe a parte promover a execução, sem que isso impeça qualquer outra

---

[269] MILARÉ, Édis (coord). **Ação Civil Pública: Lei 7.347/85 – 15 anos**. *Op.cit.*, p. 255.

[270] Artigo 15 - "Decorridos sessenta dias do trânsito em julgado da sentença condenatória, sem que a associação autora lhe promova a execução, deverá fazê-lo o Ministério Público, facultada igual iniciativa aos demais legitimados".

pessoa, mesmo que não tenha feito parte da demanda anterior, também promovê-la, tendo em vista tratar-se a condenação de título executivo, que não é exclusivo de ninguém, mas de relevante interesse a toda coletividade.[271] Em face de a tutela ser de interesse vital para a comunidade, há que se entender que a inércia de qualquer dos colegitimados consagrados vencedores autorizará os demais a propositura da execução.

Cabe ainda ressaltar, que a execução, objetivando o cumprimento de obrigação de fazer ou não fazer ou até mesmo obrigação de pagamento, poderá ser proposta mediante descumprimento do compromisso de ajustamento de conduta, previsto no artigo 5º, § 6º da Lei 7.347/85[272], pois é título executivo extrajudicial executável imediatamente.

---

[271] MILARÉ, Edis (coord). **Ação Civil Pública: Lei 7.347/85 – 15 anos.** *Op.cit.,* p. 255.
[272] Artigo 5º, § 6º - "Os órgãos públicos legitimados poderão tomar dos interessados compromisso de ajustamento de sua conduta às exigências legais, mediante cominações, que terá eficácia de título executivo extrajudicial".

4 OUTROS INSTRUMENTOS PROCESSUAIS EXISTENTES PARA A DEFESA DO MEIO AMBIENTE NA LEGISLAÇÃO BRASILEIRA

Podemos dizer que no processo civil, são variados os tipos de ações previstas para a proteção ambiental, além das ações penais.[273] Aqui, em particular, elencaremos apenas os meios processuais mais importantes existentes no direito positivo brasileiro, com brevíssimo conceito, que encontram-se à disposição para defesa ambiental, com exceção a Ação Civil Pública já abordada no decorrer do presente estudo.

---

[273] MUKAY, Toshio. **Direito Ambiental Sistematizado**. 3.ed. Rio de Janeiro: Forense Universitária, 1998, p. 94.

4.1. MANDADO DE INJUNÇÃO

O Mandado de Injunção foi criado pela Constituição Brasileira de 1988, que assim dispõe: "conceder-se-á mandado de injunção sempre que a falta de norma regulamentadora torne inviável o exercício dos direitos e liberdade constitucionais e das prerrogativas inerentes à nacionalidade, à soberania e à cidadania".[274] Portanto, o Mandado de Injunção é meio constitucional posto à disposição para defesa ambiental, pois, toda vez que a norma regulamentadora de um dispositivo constitucional ou infraconstitucional torne inviável que o meio ambiente se mantenha ecologicamente equilibrado, caberá esse dispositivo legal.[275] Havendo uma lacuna legal na disciplina do exercício daqueles direitos, a Carta Maior permite que o Judiciário supra tal omissão.[276]

---

[274] CF/88, artigo 5º, LXXI.
[275] MUKAY, Toshio. *Ibidem*, p. 95.
[276] SÉGUIN, Elida. *Ibidem*. p. 249.

4.2 MANDADO DE SEGURANÇA COLETIVO

Trata-se de novidade trazida pela Carta Política de 1988, artigo 5º, LXX[277]. O mandado de segurança é uma criação brasileira, em virtude da limitação do uso do *habeas corpus*[278]. Permite a propositura do remédio heroico por organização sindical, entidade de classe ou associação legalmente constituída em funcionamento há pelo menos um ano, em defesa dos interesses dos seus membros ou associados.[279] Foi regulamentado pela Lei 12.106 de 07 de agosto de 2009, que revogou a Lei 1.533/81 que disciplinava o Mandado de Segurança Individual.

---

[277] "O mandado de segurança coletivo pode ser impetrado por:
a) partido político com representação no Congresso Nacional;
b) organização sindical, entidade de classe ou associação legalmente constituída e em funcionamento há pelo menos um ano, em defesa dos interesses de seus membros ou associados".
[278] MEDAUAR, Odete. *Ibidem*. p. 435.
[279] SÉGUIN, Elida. *Ibidem*, p. 252.

De forma geral, o Mandado de Segurança visa "proteger direito líquido e certo, não amparado por *habeas corpus* ou *habeas data*, sempre que, ilegalmente ou com abuso de poder, qualquer pessoa física ou jurídica sofrer violação ou houver justo receio de sofrê-la por parte de autoridade, seja de que categoria for e sejam quais forem as funções que exerça".[280]

Os direitos protegidos pelo Mandado de Segurança Coletivo são os coletivos e os individuais homogêneos. Os coletivos são "os transindividuais, de natureza indivisível, de que seja titular grupo ou categoria de pessoas ligadas entre si ou com a parte contrária por uma relação jurídica básica". Já os individuais homogêneos são "os decorrentes de origem comum e da atividade ou situação específica da totalidade ou de parte dos associados ou membros do impetrante".[281]

---

[280] Art. 1º, lei 12.016/2009.
[281] Art. 21, § único, incisos I e II, da Lei 12.016/09.

4.3 AÇÃO POPULAR

Conforme mencionado anteriormente, a Ação Popular está conceituada pela Magna Carta no artigo 5º, LXXIII[282], pode ser proposta por qualquer cidadão. É instrumento de controle jurisdicional dos atos do Estado. Visa anular ato lesivo ao patrimônio público ou de entidade que o Estado participe, à moralidade administrativa, ao Meio Ambiente e ao patrimônio histórico e cultural.[283] É regulada pela Lei 4.717/65, modificada pela Lei 6.513/77, entretanto não se presta para a plenitude da defesa ambiental, só sendo viável naquelas hipóteses de agressões ao meio ambiente por atividades dependentes de autorizações do Poder Público, posto que, continua a exigência, para procedência da ação, a ilegalidade do ato.[284]

---

[282] "Qualquer cidadão é parte legítima para propor ação popular que vise a anular ato lesivo ao patrimônio público ou de entidade de que o Estado participe, à moralidade administrativa, ao meio ambiente e ao patrimônio histórico e cultural, ficando o autor, salvo comprovada má-fé, isento de custas judiciais e do ônus da sucumbência".
[283] SÉGUIN, Elida. *Ibidem*, p. 253.
[284] MUKAY, Toshio. *Ibidem*, p. 103.

CONCLUSÃO

Ante o exposto no presente trabalho há que se ressaltar alguns aspectos em face da importância do tema abordado.

Sem dúvida nenhuma a poluição e consequentemente a degradação ambiental são um dos problemas mais temidos que a humanidade têm de enfrentar. Diante de tal situação o Estado, a quem cabe a proteção dos bens de relevada importância como o ambiental, deve atuar rigorosamente na defesa do Meio Ambiente, quer seja através de medidas coercitivas, quer seja conscientizando a sociedade da necessidade da preservação ambiental.

O crescimento desordenado da produção em massa atrelada ao crescimento da população e ainda, o acúmulo de migrantes nos grandes centros urbanos e a falta de uma política ambiental correta é que determinaram a eclosão dos desastres ecológicos a partir da segunda metade do século XX, obrigando o Poder Público a uma política mais moderna de combate à degradação ambiental. Hoje não mais se admite esse descontrole estatal. A Lei 6.938/81 que regula a Política Nacional do Meio Ambiente é de extrema relevância e importância, atuando rigorosamente no controle dos meios de produção.

A Lei 7.347/85 atuando paralelamente tem destaque importante no combate à degradação do Meio Ambiente, pois através dela pôde o Ministério Público tornar mais eficaz sua atuação, já autorizada pela Lei da Política Ambiental antes citada. O Ministério Público é um dos agentes legitimados ativos para a propositura das Ações Civis Públicas e concentra a maioria das demandas em face da estrutura organizacional de grande destaque e importância na efetiva defesa dos interesses metaindividuais.

A Ação Civil Pública tem a finalidade de reparação dos danos causados ao Meio Ambiente, ao consumidor, aos bens de valor artístico, estético, histórico, turístico e paisagístico e desde sua criação em 1985 é um dos meios mais eficazes na defesa de tais interesses. Sofreu algumas modificações com o advento de algumas outras leis que tornaram ainda mais eficaz seu campo de atuação.

A Lei da Ação Civil Pública pode ser considerada uma Lei perfeita para a defesa dos interesses metaindividuais, pois dá legitimidade ativa a vários entes, Ministério Público, Defensoria Pública, União, Estados, Distrito Federal, Municípios, Fundações, Associações, Autarquias, é aplicável na defesa do Meio Ambiente, do Consumidor, a ordem urbanística e principalmente a qualquer outro interesse difuso ou coletivo, ainda prevê condenação em dinheiro ou obrigação de fazer ou não fazer. Prevê medidas cautelares, tutelas antecipatórias, multas por infração, compromisso de ajustamento de conduta entre outras previsões, o que torna a presente Lei abrangente e eficaz na sua proporção.

O Meio Ambiente é um dos bens da vida da maior importância. Atento a necessidade de sua preservação não se furtou o legislador em reservar capítulo especial na Constituição Federal Brasileira, determinando que todos têm direito ao Meio Ambiente ecologicamente equilibrado, impondo ao Poder Público e à coletividade sua preservação para as presentes e futuras gerações.

Paralelamente à Lei da Política Nacional do Meio Ambiente, Lei da Ação Civil Pública e a Constituição Federal, o Código de Defesa do Consumidor trouxe novas perspectivas na defesa dos interesses metaindividuais, ampliando o campo de atuação trouxe importantes e significativas mudanças à Lei 7.347/85 como o Litisconsórcio entre os Ministérios Públicos

Federal e Estadual, celebração de ajustamento de conduta, dispensa do requisito de pré-constituição para as associações, etc.

Há que se ressaltar ainda, a necessidade da interação entre o binômio desenvolvimento econômico e preservação ambiental de elevada importância nos dias atuais, pois somente com planejamento efetivo e combate à degradação ambiental poderemos ter um verdadeiro desenvolvimento sustentável.

Ressalta-se ainda, a necessidade de uma maior atuação das Associações e dos demais legitimados ativos, com exceção ao Ministério Público, na defesa ambiental, tendo em vista a raridade das Ações Civis Públicas impetradas por esses entes.

Faz-se importante ressaltar sobre a necessidade da educação ambiental, pois também é instrumento de defesa, pois a partir da conscientização da sociedade, do acesso às informações é que o Meio Ambiente poderá ter chance de sobreviver para as futuras gerações.

De outra banda é imperativo ressaltar que após 37 anos de existência, a Ação Civil Pública tornou-se o meio mais eficaz de acesso à justiça como forma de possibilitar uma efetiva proteção aos bens naturais.

Por fim, podemos dizer que a coletividade tem o Direito fundamental ao Meio Ambiente ecologicamente equilibrado e tem também o dever de preservá-lo para as presentes e futuras gerações. O Direito Brasileiro, principalmente através do Ministério Público, tem atuado de forma consciente e coercitiva na preservação ambiental, cabe a população atuar mais diretamente nessa proteção, usando todos os meios que se encontram à disposição para uma efetiva defesa dos bens naturais da humanidade. Participar é preciso.

REFERÊNCIAS BIBLIOGRÁFICAS

AGUIAR, Ruy Rosado de. O Meio Ambiente e a Jurisprudência do Superior Tribunal de Justiça. **Revista do Direito Ambiental**. São Paulo: Revista dos Tribunais n. 25, p. 193-206, janeiro/março 2002.

ALMEIDA, Maria Carmen Cavalcanti de. Da Legitimidade do Ministério Público nas Ações Civis Públicas de Meio Ambiente. **Revista do Direito Ambiental**. São Paulo: Revista dos Tribunais n. 19, p. 99-107, julho/setembro 2000.

ANGHER, Anne Joyce. **Vade Mecum**. 35.ed. São Paulo: Rideel, 2022.

ANTUNES, Paulo de Bessa. **Direito Ambiental**. 5.ed. rev., ampl. e atual. Rio de Janeiro: Lumen Juris, 2001.

ANTUNES, Paulo de Bessa. **Direito Ambiental**. 6.ed. Rio de Janeiro: Lumen Juris, 2002.

BASTOS, Celso Ribeiro. **Curso de Direito Constitucional**. 19.ed. atual. São Paulo: Saraiva, 1998.

_____. **Direito Público: Estudos e Pareceres**. São Paulo: Saraiva, 1998.

BARROSO, Luís Roberto. **Constituição da República Federativa do Brasil anotada**. 4.ed. São Paulo: Saraiva, 2003.

BRASIL. Lei 6.938, de 31 de agosto de 1981. Dispõe sobre a Política Nacional do Meio Ambiente, seus fins e mecanismos de formulação e aplicação, e dá outras providências. In. **Diário Oficial da União**, Brasília, p. 16509, 02 set. 1981.

BRASIL. Lei 7.347, de 24 de julho de 1985. Disciplina a Ação Civil Pública de Responsabilidade Por Danos Causados ao Meio Ambiente, ao Consumidor, a Bens e Direitos de Valor Artístico, Estético, Histórico, Turístico e Paisagístico (Vetado) e dá outras Providências. In. **Diário Oficial da União**, Brasília, p. 10649, 25 jul. 1985.

BRASIL. Lei 8.078, de 11 de setembro de 1990. Dispõe sobre a proteção do consumidor e dá outras providências. In. **Diário Oficial da União**, Brasília, p. 000001, 12 set. 1990. Suplemento.

BRASIL. **Código Civil**. 16.ed. São Paulo: Saraiva, 1997.

BRASIL. **Código de Processo Civil**. 16.ed. São Paulo: Saraiva, 2001.

BRASIL. **Código de Processo Civil**. 35.ed. São Paulo: Rideel, 2022.

BRASIL. **Código Penal**. 5.ed. São Paulo: Saraiva, 1999.

BRASIL. **Constituição Federal**. 3.ed. rev., atual. e ampl. São Paulo: Revista dos Tribunais, 2001.

CAPPELLETTI, Mauro; GARTH, Bryant. **Acesso à Justiça**. Traduzido por Ellen Gracie Northfleet. Porto Alegre: Sérgio Antônio Fabris, 1988.

CAPPELLI, Sílvia. **O Ministério Público e os Instrumentos de Proteção ao Meio Ambiente. Centro de Apoio de Defesa do Meio Ambiente.** Disponível em <http://www.mp.rs.gov.br/hmpage/homepage2.msf/pages/cma_instrmentos> - Acesso em 27.ago.2003. 13:59:44.

____. **Atuação Extrajudicial do MP na Tutela do Meio Ambiente. Centro de Apoio de Defesa do Meio Ambiente.** Disponível em <http://www.mp.rs.gov.br/hmpage/homepage2.msf/pages/cma_atuacao> - Acesso em 27.ago.2003. 14:43:27.

CAVALCANTE, Márcio André Lopes. Buscador Dizer o Direito: **STF decide que Defensoria Pública pode propor ACP na defesa de direitos difusos, coletivos e individuais homogêneos –** Manaus. Acesso em 06/03/2023.

____. **Mesmo sem 1 ano de constituição, associação poderá ajuizar ACP para que fornecedor preste informações ao consumidor sobre produtos com glúten.** Buscador Dizer o Direito, Manaus. Acesso em: 03/03/2023

ConJur - Supremo extingue limite territorial em ação civil pública – Acesso 08/03/2023

CRUZ, Ana Paula Nogueira da. O Ministério Público e a Tutela Preventiva dos Interesses Metaindividuais. **Revista do Direito Ambiental**. São Paulo: Revista dos Tribunais n. 30, p. 198-212, abril/junho 2003.

DINAMARCO, Cândido Rangel. **Instituições de Direito Processual Civil**. 2.ed. rev. e atual. vol. I. São Paulo: Malheiros, 2002.

DINAMARCO, Pedro da Silva. **Ação Civil Pública**. São Paulo: Saraiva, 2001.

DINIZ, Maria Helena. **Compêndio de Introdução à Ciência do Direito**. 9.ed. atual. São Paulo: Saraiva, 1997.

ECODEBATE.COM.BR Aquecimento global passará o limite de 1,5°C dentro de 10 a 15 anos (ecodebate.com.br) – Acesso 08/03/2023

FERRAZ, Antônio Augusto Mello de Camargo (coord). **Ministério Público: Instituição e Processo**. 2. ed. São Paulo: Atlas, 1999.

FERRAZ, Sérgio. **Ação Civil Pública: Lei 7.347/1985 – 15 anos**. Milaré, Edis (coord.). 2.ed. rev. e atual., São Paulo: Editora Revista dos Tribunais, 2002.

FILOMENO, José Geraldo Brito. **Ministério Público: Instituição e Processo**. FERRAZ, Antonio Augusto Mello de Camargo (coord.). 2.ed. São Paulo: Atlas, 1999.

FREITAS, Vladimir Passos de. **A Constituição Federal e a Efetividade das Normas Ambientais**. São Paulo: Revista dos Tribunais, 2000.

GRASSI, Fiorindo David. **Direito Ambiental Aplicado**. Frederico Westphalen: URI-Campus de Frederico Westphalen, 1995.

GRINOVER, Ada Pellegrini. **A Aparente Restrição da Coisa Julgada na Ação Civil Pública: Ineficácia da Modificação ao**

Art. 16 pela Lei 9.494/97, in Temas de Direito Ambiental e Urbanístico, FIGUEIREDO, Guilherme de. (org), São Paulo: Max Limonad, 1998.

___. **A Marcha do Processo**. Rio de Janeiro: Forense Universitária, 2000.

GUIMARÃES JÚNIOR, **Ministério Público: Instituição e Processo**. FERRAZ, Antonio Augusto Mello de Camargo (coord.). 2.ed. São Paulo: Atlas, 1999.

HAUSEN, Enio Costa; TEIXEIRA, Orci Paulino Bretanha; ÁLVARES, Pércio Brasil (orgs.). **Temas de Direito Ambiental Uma Visão Interdisciplinar**. Porto Alegre: AEBA, APESP, 2000.

IBGE. **Censo Demográfico**. Disponível em <http://www.ibge.gov.br/home/estatistica/populacao/censohistori co/1940-1996.shtm> - Acesso em 13.jul.2003. 21:35:50.

KELSEN, Hans. **Teoria Pura do Direito**. Traduzido por João Batista Machado. 6.ed. São Paulo: Martins Fontes, 1998.

LEAL, Márcio Flávio Mafra. **Ações Coletivas: História, Teoria e Prática**. Porto Alegre: Sérgio Antônio Fabris, 1998.

MACEDO JÚNIOR, Ronaldo Porto. **Ministério Público: Instituição e Processo**. FERRAZ, Antonio Augusto Mello de Camargo (coord.). 2.ed. São Paulo: Atlas, 1999.

MACHADO, Paulo Affonso Leme. **Direito Ambiental Brasileiro**. 8.ed. rev., atualiz. e ampl. São Paulo: Malheiros, 2000.

MANCUSO, Rodolfo de Camargo. **Interesses Difusos Conceito e legitimação para agir**. 4. ed. rev. e atual. São Paulo: Revista dos Tribunais, 1997.

___. **Ação Civil Pública em defesa do meio ambiente, do patrimônio cultural e dos consumidores (Lei 7.347/85 e legislação complementar).** 5.ed. rev., atual. e ampl. São Paulo: Revista dos Tribunais, 1997.

Mapbiomas Brasil – Acesso 08/03/2023

MAZZILI, Hugo Nigro. **A Defesa dos Interesses Difusos em Juízo.** 12. ed. rev. ampl. e atualiz. São Paulo: Saraiva, 2000.

___. **Notas Sobre o Compromisso de Ajustamento de Conduta.** BENJAMIN, Antonio Herman (org.). Direito, Água e Vida. São Paulo: Imprensa Oficial, 2003.

MEDAUAR, Odete. **Direito Administrativo Moderno.** 7.ed. rev. e atual. São Paulo: Revista dos Tribunais, 2003.

MEIRELLES, Hely Lopes. **Direito Administrativo Brasileiro.** 4.ed. atual. São Paulo: Revista dos Tribunais, 1976.

___. **Mandado de Segurança, Ação Popular, Ação Civil Pública, Mandado de Injunção, "Habeas Data".** 16.ed. São Paulo: Malheiros, 1995.

___. **Mandado de Segurança, Ação Popular, Ação Civil Pública, Mandado de Injunção, "Hábeas Data".** 17.ed. atualizada por Arnoldo Wald. São Paulo: Malheiros, 1996.

MILARÉ, Edis (coord.). **Ação Civil Pública Lei 7.347/1985 – 15 anos.** 2.ed. rev. e atual. São Paulo: Revista dos Tribunais, 2002.

___. **A Ação Civil Pública na Nova Ordem Constitucional.** São Paulo: Saraiva, 1990.

MIRRA, Álvaro Luiz Valery. **Ação Civil Pública: Lei 7.347/1985 – 15 anos.** MILARÉ, Edis (coord.). 2.ed. rev. e atual. São Paulo: Revista dos Tribunais, 2002.

MORAES, Luís Carlos Silva de. **Curso de Direito Ambiental.** São Paulo: Atlas, 2001.

MORAES, Voltaire de Lima. **Ação Civil Pública e a Tutela do Meio Ambiente.** Revista Jurídica n. 113. Porto Alegre: Notadez, maio/junho 1986.

_____. **Ação Civil Pública: Lei 7.347/85: reminiscências e reflexões após dez anos de aplicação.** MILARÉ, Edis (coord.). São Paulo: Revista dos Tribunais, 1995.

_____ (org.). **Ministério Público, Direito e Sociedade.** Porto Alegre: Fabris, 1986.

MOREIRA, José Carlos Barbosa. **A Legitimação para a Defesa dos Interesses Difusos no Direito Brasileiro.** Revista Forense n. 276. Rio de Janeiro: Forense, outubro/dezembro 1981.

MUKAY, Toshio. **Direito Ambiental Sistematizado.** 3.ed. Rio de Janeiro: Forense Universitária, 1998.

NEGRÃO, Theotonio; GOUVÊA, José Roberto Ferreira. **Código de Processo Civil e Legislação Processual em Vigor.** 35.ed. atual. até 13 de janeiro de 2003. São Paulo: Saraiva, 2003.

Noah S. Diffenbaugh et al, **Data-driven predictions of the time remaining until critical global warming thresholds are reached,** Proceedings of the National Academy of Sciences (2023). Tradução de Henrique Cortez.

NUNES, Luiz Antônio Rizzatto. **O Código de Defesa do Consumidor e Sua Interpretação Jurisprudencial.** São Paulo: Saraiva, 1997.

NERY JÚNIOR, Nélson; NERY, Rosa Maria Andrade. **Código de Processo Civil Comentado e Legislação Processual Civil Extravagante em Vigor.** 4.ed. atual. até 10.03.1999. São Paulo: Revista dos Tribunais, 1999.

REVISTA DOS TRIBUNAIS. São Paulo: Revista dos Tribunais, n. 732, p. 11-37, outubro 1996.

___. São Paulo: Revista dos Tribunais, n. 735, p. 161-172, janeiro 1997.

___. São Paulo: Revista dos Tribunais, n. 740, p. 747-751, junho 1997.

___. São Paulo: Revista dos Tribunais, n. 741, p. 232-237, julho 1997.

___. São Paulo: Revista dos Tribunais, n. 744, p. 31-60, outubro 1997.

ROCHA, Eliana Pires. **Aspectos e Instrumentos da Tutela Jurisdicional Coletiva no Brasil.** Disponível em http://www.uv.es/~ripj/8dobr.htm Acesso em 13.ago.2003, 15:27:34

SÉGUIN, Elida. **O Direito Ambiental: Nossa Casa Planetária.** Rio de Janeiro: Forense, 2000.

SILVA, José Afonso da. **Fundamentos Constitucionais da Proteção do Meio Ambiente.** Revista do Direito Ambiental. São Paulo: Revista dos Tribunais n. 27, p. 51-57, julho/setembro 2002.

SMANIO, Gianpaolo Poggio. **Interesses Difusos e Coletivos.** 2.ed. São Paulo: Atlas, 1999.

SOUZA, Motauri Ciocchetti de. **Ação Civil Pública e Inquérito Civil.** São Paulo: Saraiva, 2001.

___. **Interesses Difusos em Espécie: temas de Direito do Consumidor, Ambiental e Lei de Improbidade Administrativa.** São Paulo: Saraiva, 2000.

THEODORO JÚNIOR, Humberto. **Curso de Processo Civil.** 18.ed. Rio de Janeiro: Forense, vol. I, 1996.

TUCCI, Rogério Lauria. **Ação Civil Pública: Falta de Legitimidade e de Interesse do Ministério Público.** São Paulo: Revista dos Tribunais n. 745, p. 75-100, novembro 1997.

VASCONCELOS, Arnaldo. **Teoria da Norma Jurídica.** Forense, Rio de Janeiro, 1978.

VITTA, Heraldo Garcia. **O Meio Ambiente e a Ação Popular.** São Paulo: Saraiva, 2000.